도서출판 대장간은
쇠를 달구어 연장을 만들듯이
생각을 다듬어 기독교 가치관을
바르게 세우는 곳입니다.

대장간이란 이름에는
사라져가는 복음의 능력을 되살리고,
낡은 것을 새롭게 풀무질하며, 잘못된 것을
바로 세우겠다는 의지가 담겨져 있습니다.

www.daejanggan.org

Copyright © Jacques Ellul.

Original published in France under the title ; PRESENCE AU MONDE MODERNE
Published by Editions Roulet, Collection Centre Protestant d'Ttudes, Genéve. 1948

Korean Copyright © 2009 Daejanggan Publisher. in Daejeon, South Korea.

세상 속의 그리스도인 완역판

| 지은이 | 자끄 엘륄 Jacques Ellul |
| 옮긴이 | 박동열 |

| 개정판 | 2010년 6월 30일 |
| 개정5쇄 | 2021년 11월 26일 |

펴낸이	배용하
책임편집	배용하
등록	제364-2008-000013호
펴낸곳	도서출판 대장간
	www.daejanggan.org
등록한곳	충청남도 논산시 가야곡면 매죽헌로1176번길 8-54
편집부	전화 (041) 742-1424
영업부	전화 (041) 742-1424 · 전송 0303 0959-1424

| 분류 | 기독교 | 신앙 | 인물 |

| ISBN | 978-89-7071-182-9 03230 |

이 책은 저작권법에 의해 보호를 받는 출판물입니다.
기록된 형태의 허락 없이는 무단 전재와 복제를 금합니다.

 값 10,000원

세상 속의 그리스도인

— 현대 세상에서 존재함 —

자끄 엘륄 지음
박 동 열 옮김

PRESENCE AU MONDE MODERNE

Jacques Ellul

세 부 목 차 _ 세부 목차는 독자들을 위해 추가한 것임.

역자의 글 · 13

서문 · 21

하나 · 세상 속의 그리스도인 · 35
1장. 세상 속의 그리스도인의 상황과 직무 연구의 출발점|성서가 말하는 그리스도인의 직무|세상과 연대한 평신도|세상의 상황을 회피하는 방식
2장. 세상 속에서 그리스도인의 자세와 역할 세상에서 그리스도인의 상황|평신도의 존재의미|기독교 윤리의 문제|세상의 보존에 대한 그리스도인의 참여|주님의 뜻과 세상의 뜻

둘 · 혁명적인 기독교 · 61
1장. 종말론적 세상에서 혁명의 필요성|세상의 정체성과 구조들|사실에 대한 존중과 혁명적 자세
2장. 세상 속의 그리스도인의 혁명적 상황|혁명적 상황의 조건|혁명적 상황의 결과들|혁명적 상황에 대한 자각과 삶의 방식 추구

셋 · 목적과 수단들 · 97
1장. 목적과 수단들의 문제|문제의 첫째 특징 : 모든 것이 수단이 되었다|둘째 특징 : 수단은 스스로 정당화된다|셋째 특징 : 수단은 전체주의적이다
2장. 목적과 수단들의 문제해결|목적과 수단들 사이의 진정한 관계|목적과 수단들 앞에서의 그리스도인의 자세

넷 · 의사소통 · 137
　　　기독 지식인의 직무
1장. 설명적 신화|현대인의 지적 상황|우리 시대 지적 변화의 한 양상|기술에 대한 지성의 예속
2장. 의사소통의 부재 _ 기독 지식인의 임무|자각의 첫 번째 결과|자각의 두 번째 결과|자각의 세 번째 결과

다섯 · 서론과 결론 · 183
1장. 세상 속에서 그리스도인의 일과 투쟁 _ 세상 속에서 그리스도인의 활동|기독교적 삶의 방식 창조|세상 속에서 교회와 그리스도인의 진정한 자세

내용요약 · 205

차례,

역자의 글 · 13

서문 · 21

하나 · 세상 속의 그리스도인 · 35

둘 · 혁명적인 기독교 · 61

셋 · 목적과 수단들 · 97

넷 · 의사소통 · 137

다섯 · 서론과 결론 · 183

내용요약 · 205

자끄 엘륄의 저서 · 219

역자의 글

세상은 많은 사람이 함께 살고 함께 이루는 공간이다. 그래서 이 공간을 구성하는 사람들은 서로 '약속'에 기반을 둔 삶의 동반자로 여기든지, 서로 믿지 못하기에 오직 '계약'을 통해 자신을 보호해야만 하는 존재로 여기든지, 모두는 다른 이들의 도움과 협력이 필요하다는 것은 자명하다. 진실로 사회는 개인의 관심과 노력으로 형성된 것이 아니라 시민 개개인의 관심과 수고로 이루어진 것이다. 따라서 공동의 노력으로 세워진 현대 사회는 자신을 구성하는 수많은 하위 영역 간 혹은 개개인 간에 서로 긴밀히 연결되어 있다. 하지만, 문제는 각 영역이 단순히 연결된 것에 머무르지 않는다는 점이다. 각 사회구조는 자기 영역에서 영향력을 미치는 사회적 권위와 자율적 권세를 형성하여, 각 영역에 속한 구성원에게 책임 있는 행동을 요구하고 적절한 실천을 위한 규범 혹은 원칙들을 강제한다. 그런데 최근 전 세계의 지구촌화, 인구의 증가, 지식의 팽창, 정보·통신기술 등 현대 기술의 진화, 교통의 발전 등으로 각 영역의 권세들은 점점 강해지고 더욱더 밀접히 연결되는 모습을 보인다. 심지어 사회의 구조를 구성하는 권세들은 점점 확장되고 강화되어, 때때로 사회적 정의나 법의 기준들을 초월하여 하나의 권력 체제를 형성하는 방향으로 나아가는 지경까지 이르렀다. 그 결과 현대인은 점점 독립적이고 자율적인 특수성을 해체당하여 자신 고유의 정체성을 잃어버리거나, 지성과 추론이 아니라 직관을 통한 이미지적 사고에 갇혀 자기충족적인 가상세계 속에 고립되거나, 극단적인 상대주의 속에서 순응적이며 책임감 없는 존재로 전락하여 버리고 말았다. 이것이 자끄 엘륄이 지적한 사회구조 배후에서 활동하는 '영적 실재'의 영향력이다. '영적 실재'의 지배력 하에 있는 현대 사회에서, 그리스도의 재림에 대한 소망을 간직한 그리스도인들이 처한 상황, 세상에 대한 자각, 혁명적인 복음의 본질, 그리스도인의 삶의 자세와 양식 등이 이 책을 통해 그가 말하고 싶은 바이며, 이것은 그가 죽은 지 수십 년이 지난 오늘날에도 살아있는 울림으로 다가온다.

현대인은 엄청난 압박과 불안에 시달리며 돈을 끌어모으는데 전력투구를 하고 있다. 오늘날 사회가 복잡해지고 각종 미디어가 발달하면서 인간들은 더욱더 깊고 복잡하게 연계되어 버렸다. 그와 더불어 획기적인 또 하나의 미디어인 돈이 강력한 힘을 발휘하게 되어서 돈은 이제 물리적 제약을 거의 받지 않고 소통되고 있다. 이제 인간사회를 연결해 주었던 돈은 인간을 서로서로 격리시켰고, 모든 인간은 돈의 위력 앞에 굴복하고야 말았다. 왜냐하면 이 돈은 소유와 독점의 대상이 되기 때문이다. 돈은 현대문명에서 가장 강력한 힘이 되어, 사람들로 하여금 이 힘을 소유하고자 치열한 경쟁을 벌이도록 하고 있

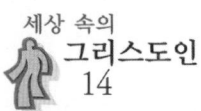

다. 그래서 돈이 최고의 효율성이며, 돈을 번다는 것은 그 어떤 범죄조차 용인될 정도로 스스로 정당화하는 힘을 갖게 되었다. 오늘날 사람들은 물질을 얻고자 하는 것이 아니라, 돈을 소유하고자 한다. 돈을 소유하게 해주는 모든 것은 선이며, 궁극적인 판단의 기준이고, 최고의 목적인 셈이다. 그러나 현대인은 정작 돈벌이의 목적이 무엇인가와 같은 질문에 대해서는 상당히 불분명하게 답을 한다. 이 질문에 대한 해답이 모호하면 할수록 더 맹목적으로 돈에 집착하며, 불안하면 할수록 돈을 향한 저돌적 돌진은 가속화된다. 그런데 문제는 모든 사람이 이 질주를 하고 있다는 것이다. 그래서 불안은 더욱 증폭되고, 돈을 벌기는 더욱 어려워지며, 경쟁은 더욱 치열해지며, 돈에 매달리는 강도는 더욱 세진다. 그 결과 노동시장에서 무능력자가 무수히 만들어지며, 현대인들은 점점 왜소해져 간다. 인간은 누구나 소중하며, 저마다의 가치를 창출할 수 있음에도 말이다. 이와 같은 우리의 상황이 오늘날 그리스도인이 처한 상황이며, 돈이 유일한 목적이 되어 버린 이와 같은 문명은 진정한 혁명을 간절히 기다리고 있다.

자끄 엘륄은 18세에 개인적 신앙 체험을 통해 프랑스 개혁교회에서 신앙생활을 시작하였고, 대학 시기부터 마르크스의 저작에 대한 철저한 연구와 강의를 하였다. 기독교 신앙과 현대 사회를 분석하기 위한 마르크스에 대한 연구는 서로에게 긴장을 주며 자신의 연구를 지탱하는 두 축이 되었다. 먼저 그의 연구의 사회학적 측면은 마르크스주의의 일련의 왜곡을 지적하고 공산주의 신화를 벗기는 것으로 시작하여, 현대사회의 모든 현상을 설명하는 결정적 요인인 기술 담론을 만들어 갔다. 기존의 산업사회에서 기술 사회로의 진화를 포착한 그는 기술의 본질과 속성을 밝혀내고, 신성화된 기술을 가차없이 비판하였다. 그리고 기술 사회를 가능케 하는 극도로 복잡한 조작과정, 즉 '선전' 현상을 분석하고, 이 선전체제와 모든 정치가 환상임을 주장하였다. 또한, 그는 자신의 연구 마지막까지 '혁명'이란 주제에 매달리며 진정한 혁명과 혁명적 이상을 규정하려고 했다. 그리고 기술사회와 기술체계 속에서 모두가 두려워하는 '진정한 자유'가 무엇인지 그것을 위해 어떤 투쟁을 감내해야 하는가를 보여주었다. 이러한 사회학적 측면의 문제제기들은 곧바로 그의 영적인 노정인 신학적 측면의 연구와 긴밀히 연결된다. 그의 신학적 저작들은 크게 두 가지 유형으로 나뉘는데, 하나가 현대 교회에 대한 비판적 분석이고, 다른 하나는 창세기, 요나서, 열왕기하, 전도서, 로마서, 요한계시록 같은 성서에 대한 주석이다. 먼저 그는 진정한 신앙과 진정한 기독교를 회복하기 위하여 종교로서 기독교와 교회에 대해 신랄하면서 정당한 비판을 가했다. 왜냐하면, 왜곡된 기독교가 하나님과의 단절 상황을 가져왔으며, 닫힌 세상, 비합리의 폭발, 뒤바뀜, 가치의 변질, 말의 죽음, 경멸, 조롱, 의심, 침묵과 같은 단절 현상들을 파생시켰다고 보았기 때문이다. 이러한 하나님과의 단절, 돌아섬 앞에서 그는 하나님 나라의 도래에 대한 간절한 소망과, 침묵하시는 하나님이 다시 우리에게 말하도록 요청하는 끈질긴 투쟁적 기도를 요구한다. 한편, 그의 자유에 대한 문제의식은 즉시 수많은 성서에 대한 주석들로 이어지는데, 그는 성서가 궁극적으로 인간에게 순응주의를 벗어나게 하며 진정한 자유와 책임을 가르쳐 준다고 보았기 때문이다. 교회에 대한 신랄한 비판과 성서에 대한 그의 연구는 때때로 기독교 무정부주의라는 메시지로 드러나기도 하고, 유대·기독교와 이슬람 사이에 양립불가능성을 주장하는 도발적인 입장표명으로 이어지기도 하였다.

자끄 엘륄이 다루는 현대 사회의 문제는 정치, 경제, 기술, 국가, 문화, 예술 등 광범위하고, 그 사상의 폭과 깊이는 매우 넓고도 깊다. 그러나 이 모든 문제의 근원에는, 탈출구가 없는 현대 세상에서, 하나님의 계시와 일을 믿는 그리스도인은 어떻게 존재해야만 하느냐는 문제의식이 자리를 잡고 있다. 그래서 『세상 속의 그리스도인』으로 번역된 이 책은 그의 저작들과 사상을 이해하기 위한 기초적인 입문서라고 볼 수 있다. 그동안 이 책에서 제기하는 문제의식들은 2010년 프랑스 원전에서 번역된 이후 많은 사람에게 공감되어 거듭 재판을 찍고 있다. 이 책의 초판이 인쇄될 즈음, 자끄 엘륄의 프랑스어 원전들을 번역하기로 한 역자들은 그의 신학적 혹은 신앙적 측면에 속한 저서들을 우선으로 접근하여 그의 생각들을 이해해 갔다. 그러나 이제 자끄 엘륄의 저서, 스물 몇 권이 번역된 지금, 우리는 그의 신학적 측면의 저서들은 정작 현대 사회를 분석한 사회학적 저서들에 의하여 지탱되고 있다는 것을 절감하고 있다. 동시에 우리는 사회학적 측면의 저서들이 지닌 문제의식의 엄중함, 급박성, 진정성, 혜안 등등을 체감하고 있다. 요즘 프랑스 서점가에서도 다시 자끄 엘륄의 책들이 등장하고 있고, 그의 저작권료가 만만치 않게 요구되고 있고, 그의 사상과 연구를 재조명하는 학회, 학술대회가 생기고 있다. 자끄 엘륄에 대한 재조명은 자본주의나 사회주의나 공산주의, 어떤 이념과 체제에서도 현대 사회가 앓는 문제들, 모순들, 불합리함, 폭력, 소외의 문제를 설명할 방법도, 해결할 방법도 없어서, 프랑스 지성인들이 해결의 실마리를 찾고자 그의 목소리에 다시 귀를 기울이기 시작했기 때문이 아닌가 생각된다. 자신의 사회에 대한 프랑스인들의 갈증과 탈출구를 찾고자 하는 그들의 간절함이 우리에게도 전혀 낯설지 않다. 우리도 좌파에게서도, 우파에게서도 우리의 각종 사회 문제의 돌파구를 찾기 어렵기 때문이며, 다시 한국사회를 해석하는 새로운 틀과 오늘날 필요한 실천과 자각이 요구되는 때이기 때문일 것이다. 처음 기독교 신앙과 교회에 대한 진지한 문제의식을 느끼고 시작한 엘륄 읽기였으나, 이렇게 점점 하나님 나라의 도래를 소망하는 그리스도인으로 사회적 대안과 기술사회라는 사회학적 담론으로 나아가는 것

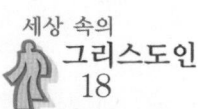

은 자끄 엘륄의 통찰력이 가지는 예언적 효력의 결과가 아닐까 생각된다. 아무쪼록 이 책을 통해 오늘날 세상을 살아가는 모든 독자가 세상을 비추고 자신을 비추는 또 하나의 거울을 지니기를 바라는 마음이 간절하다.

그러나 오늘날 젊은이들에겐 이러한 복잡한 책을 읽는다는 것조차 버겁게만 보인다. 도서관에서 스펙 쌓기에 여념이 없어 보이는 대학생들이 나의 눈에는 한심해 보이기보다는 측은해 보인다. 가장 경쟁력 없는 소모적인 경쟁을 최고의 교육방법으로 아는 어른들의 위세에 눌려 자신들이 무엇을 좋아하는지를 알기도 전에 영어, 수학, 과학, 논술을 강요받는 우리 학생들을 어떻게 비판할 수 있겠는가? 그야말로 기성세대들의 사욕으로 무한경쟁에 내몰린 그들에게 누가 돌을 던질 수 있을까? 대학을 졸업해도 취업이 되지 않고, 수많은 젊은이가 비정규 노동자가 되는 현실 앞에서 그들에게 충고하는 것조차 큰 마음을 먹어야 한다.

그들에게 진솔하게 다가가 삶이 퍽퍽할수록 우리의 신앙과 우리 사회의 왜곡된 모습이 더는 대물림 되지 않도록 세상과 교회를 바로 보는 일을 시작해야 하지 않겠느냐고 말하고 싶다. 물론 이러한 일이 쉬운 일이 아니다. 요즘처럼 가짜가 진짜 같은 왜곡된 세상에서 옳고 그름은 교묘하게 뒤집히기 때문이다. 그럴수록 더더욱 젊은이들에게 독서를 권하고 싶다. 책을 읽으면서 신앙에 대해, 세상에 대해, 자기 자신에 대해 끊임없이 질문하기를 주저하지 않는 것이 혼탁한 세상의 풍조에 휩쓸리지 않고, 온갖 감언이설에 속지 않고 비뚤어진 교회와 세상을 바로 보는 눈을 기르기 때문이다.

엘륄의 글을 번역한다는 것은 무척 고된 작업이다. 글의 내용이 무척 난해하고, 엘륄의 일필휘지一筆揮之하는 글쓰기 스타일 때문에 그 생각의 실마리를 풀기가 쉽지 않기 때문이다. 주변에는 이 책을 읽으면서 질문을 멈추지 말길 간절히 권면하고 싶은 기독 청년들이 넘친다. 아무쪼록 본서가 신앙의 진보, 의식의 각성, 이해를 추구하는 신앙을 위한 출발점이 되고, 자끄 엘륄이라는 독창적인 기독교 사상가를 이해하는 계기가 되길 간절히 바란다.

이 책이 나오기까지 조언과 수고로 함께 해주신 대장간 출판사 배용하 대표님과 이상민 선생님, 그리고 언제나 시간을 내어 모든 문제를 상담해주신 서울대 심봉섭 교수님께 진심으로 감사드린다. 무엇보다 묵묵히 내 삶을 지탱해준 처, 화연과 사랑스런 두 자녀, 예인, 수인이에게 말할 수 없는 고마움을 전한다.

박 동 열
한국자끄엘륄협회장

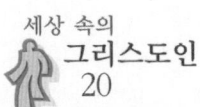

서문

　1948년에 『세상 속의 그리스도인』은 세상에 나왔다. 지나간 시대에 대한 호기심 때문이 아니라면, 어떻게 이 책이 아직도 우리의 관심을 끌 수 있다는 말인가? 나는 오늘 『세상 속의 그리스도인』을 다시 읽으면서, 1959년, 내가 처음으로 책을 읽었을 때까지 거슬러 올라가서, 나를 따라다녔던 충격적인 그 무엇을 다시 체험했다. 나는 이 책이 결코 시대에 뒤떨어진 것이 아니라고 생각한다. 사실, 그것은 뛰어난 저서가 가진 힘인데, 이 힘은 스스로 문제를 제기하고, 행동을 촉발시키며, 또 우리시대를 보다 앞선시대를 내다보는 능력을 통해 드러난다. 1948년에 사람들은 유럽을 한창 재건하는 중이었고, 또 오늘날의 세태를 결정적으로 드러내 보이기 시작했다. 기술 혹은 선전에 대한 주제들에 대해 자끄 엘륄이 썼던 것은 전혀 그 현실성을 잃지 않았다. 그런데 더더욱 우리의 관심을 끄는 것은 그리스도인의 소명과 윤리적 과제를 이해하고 제기했던 방식이다. 왜냐하면, 이 방식은 개신교에서 관습적으로 받아들인 문제에 대한 태도를 철저히 갱신했기 때문이다.

　『세상 속의 그리스도인』이란 책 제목 자체가 이와 같은 기본적 시각을 말하고 있다! 기독교적 믿음이 세상과 직면하는 것을 받아들이지 않는다면, 믿음이 처한 현실과 사명 속에서 기독교 믿음 자체가 이해될 수 없다. 이 관점을 가진 이 책은 자끄 엘륄의 모든 미래 연구 작업을 알려주고 있다. 즉 이 책은 그의 미래 연구의 선택과 발전의 씨앗을 가지고 있다. 특히 이 책은, 모두가 알고 있듯이, 왜 미래 연구들이 밀접하게 연관된 두 측면으로 나누어지는가를 이해하도록 한다. 그런데 두 측면이란, 한편으로 사회학적, 정치학적 연구 및 기술관련 저작들이고, 다른 한편으로, 신학연구, 성서주해, 자유에 대한 윤리다. 한편, 자끄 엘륄은 우리가 사는 세상의 실재를 파악하는 것에 전념했다. 그런데 그것은 사회학자들이 하는 것처럼 세상을 그저 단순히 묘사하기 위한 것이 아니라, 그가 말했듯이, 세상의 "영적 실재實在"를 지적하려는 것이다. 즉 그는 기술, 돈, 국가, 도시 등과 같은 현상들을 분석하면서, 이 현상들이 우리 사회를 이끌어가는 방향을 구체적으로 드러내려고 한다. 그것을 위해 그는 이 현상들이 순응하는 숨겨진 논리에 자신의 시선을 집중시킨다. 예를 들어 기술은 힘의 논리에 속하고, 또 이 논리는 구체적으로 기술의 영적 실재를 구성한다. 왜냐하면, 기술적 성공이라는 명성을 바치는 것이 바로 이 힘의 논리이며, 기술이 사람의 의도를 장악할 수 있게 만드는 것도 바로 이 논리이다. 그런데 이러한 기술의 장악은 기술이 생산할 수 있는 것에 사람이 원하는 것을 종속시키면서 가능하다. 또한, 자끄 엘륄은, 숨겨진 논리를 찾는 것과 함께, 또한 이 세상의 도전에 대응할 수 있는 기독교 윤리의 조건과 쟁점에 관하여 성찰하는 것에 전념했다. 기독교 윤리의 첫째 쟁점은 정확하게 우리의 세상을 특징짓는 "영적 실재"를 발견하는 것이다. 그리고 이 관점 때문에, 이미 미래 연구 작업의 두 측면이 분리될 수 없는 것처럼 보인다.

그러므로 이 두 측면의 이원성은 임의적인 것이 아니다. 반대로 이 원성은 자끄 엘륄의 모든 미래 저작을 이해하기 위한 열쇠라고 할 수 있을 만큼 필요한 것이다. 실제로 이원성은 이 책의 제목 자체가 연상시키는 긴장의 표현이다. 자끄 엘륄이 가장 깊이 간직한 확신이 있는데, 그것은 이 긴장이 세상에서 그리스도인이 맞이하는 근원적 상황에서 기인한다는 것이다. 또한 이 긴장은, "세상이 믿음을 위해 존재해야 하고 믿음은 세상을 위해 존재해야 한다"라는 걸림돌을 그리스도인이 치울 수도 없고 치우지도 말아야 한다는 사실에서 기인된 것이다. 왜냐하면, 그리스도인은 이 세상을 죄가 덜한 곳으로 만들 수도 없으며, 동시에 있는 그대로를 받아들이는 것도 불가능하기 때문이다. 그리스도인으로서, 그는 이 세상을 회피하는 것도 허락되지 않았으며, 또 이 세상에 순응하는 것도 허락되지 않았다. 그런데 그는 세상 속에서 살아야 하고, 그 속에서 자신의 믿음을 증거 해야만 하는 사명을 받았다. 한편, 이 세상에 순응하는 가장 미묘한 방식은, 틀림없이 기독교적 환상으로 그 긴장을 덮어버리는 것이다. 예를 들어 기독교적 정치를 시행한다고 주장한다든가 혹은 사회적 행위들을 기독교적 원리에 복종시키겠다고 주장하는 것 말이다. 사실 이것은 기독교가 세상에 타협하는 것에 해당한다. 이와 같은 이유 때문에, 자끄 엘륄의 모든 연구를 지배하는 신학적 노선이, 이 긴장을 받아들이고, 견디고자 각성하고 용기를 내려는 노력 속에 담겨 있다. 사실 그는 싸우고, 주제를 선택하고, 반복하고, 좋아하는 부분만을 취해서, 그의 저서가 하나의 목적만을 갖도록 했다. 즉 모든 주제를 최고로 통합하면서, 이 긴장을 푸는 것이 아니라, 이 긴장 속에서 살도록 그리스도인을 돕고 또 용기를 북돋아 주는 것이다. 왜냐하면, 이 긴장에 참여하는 것만이 기독교 믿음의 혁명적 능력을 유지할 수 있는 윤리학적 입장을 만들 수 있기 때문이다.

다른 말로 한다면, 기독교 믿음과 세상 사이에는, 인간의 행동에 의하여 실현되기를 기대할 수 있는 화해라는 것이 없다. 오직 하나님만이 이 화해를 실현할 수 있는데, 이 화해란 구체적으로 예수 그리스도 안에서 봉인된 약속의 내용이다. 이러한 의미의 화해는 복음서 안에서 하나님나라로 불리는데, 그것은 종말론적 위대함을 지니고 있다. 이 위대함이 그리스도인의 윤리적 행동의 목적이며, 동시에 이 행동의 근거이고, 유일한 준거準據다. 이렇게 자끄 엘륄이 그리스도인의 윤리 전체를 종말론적 시각 속에서 조명한다는 사실을 고려해볼 때,

우리가 그의 독창성을 아무리 강조하여도 지나침이 없을 것이다. 그에게 기독교 윤리학은, 소위 자연법 안에서 또는 인간 이성의 구조 안에서 그 근거를 둔 것이 아니라, 오직 새로운 세상을 향한 약속 안에 그 근거를 두고 있다. 그리스도인들이 행하는 모든 것은 이 새로운 세상의 도래를 향한 방향성과 긴장에 의해서만이 가치를 갖는 것이다. 왜냐하면, 인간의 행위가 하나님의 사역으로 열리는 것은 바로 이런 방향성과 긴장 때문인데, 이 하나님의 사역이야말로 인간의 행위를 뛰어넘는 것이며 또 인간에게 유일하게 하나님의 의미와 권위를 제공하기 때문이다.

신학적 고찰에서 종말론과 연결된 윤리학을 생각하는 것은 흔한 것이 아니다. 일반적으로 **하나님나라**의 소망은 개인적인 신앙심 차원에서만 의미가 있다. 그만큼 이 소망은 윤리학적 차원의 결과가 아니다. 그렇지만, 이 소망과 윤리학이 연결될 때는, 거의 언제나 천년왕국론의 방식으로 나타난다. 천년왕국론에서 **하나님나라**는, 인간의 행동을 통해 지상에서 왕국을 실현하는 것을 목적으로 하는 유토피아적 형태를 띠고 있다. 그러나 이때 천년왕국론은 자기 권리를 요구하고, 자신의 폭력을 합법화하면서, 윤리적 변질을 가져온다. 그러나 이것은 오직 사회적 운동을 정당화하는 것에만 유용할 뿐이다. 자끄 엘륄은 종말론과 윤리학을 분리하는 해석도, 또 천년왕국론처럼 잘못 통합하는 해석도 거부한다. 왜냐하면, 그는 윤리학을 종말론 안에 천착시키면서도, 종말론을 윤리학으로 축소하는 경향을 거부하기 때문이다. 그는 비판과 변증이라는 이중적 방향 속에서, **하나님나라**에 대한 소망을 통해 믿음의 증언이라는 축을 만들게 된다. 그런데 비판과 변증이란 두 방향은 엄격히 이 반향 속에서 형성된 증언으로부터 이해되어야 한다. 한편, **하나님나라**의 종말론적 성격은, 이 나라는 오직 하나님의 사역이며, 그 결과 역사 안에 이 나라를 실현하려는 인간적인 주장은 근본적으로 환상일 수 있다는 것을 의미한다. 이 환상들을 구분하는 것과 그것들을 드러내는 것은 그리스도인에게 속한 일이다. 이것은 믿음의 배타성을 옹호하기 위한 것이 아니라, 이러한 환상들이 인간의 역사를 투쟁과 폭력을 증가시키도록 이끌기 때문이다. 다른 한편, **하나님나라**의 종말론적 성격은 이 나라가 도래할 것이며, 인간 역사에 불쑥 개입한 미래로서 인간 역사에 현존한다는 것을 의미한다. 그러므로 이 미래의 증인들인 그리스도인들은 하나님나라의 존재함을 증언하는 책임을 가지고 있으며, 그들의 윤리적 행위 속에서 하나님나라를 실현하려는 책임을 가지고 있다. 그것이 예수 그리스도 안에서 결정적 방식으로 완성되었듯이 말이다. 실제로 그리스도인들은 이 세상에서 "종말"을 소유한 자들이며, 하나님이 원하는 결말을 소유한 자들이다. 그들의 증언의 쟁점은 **하나님나라를 오**

게 하는 것이 아니며, 인간 역사 가운데 징조로서 **하나님나라**에 대한 약속이 존재하도록 하는 데 있다.

자끄 엘륄에게 있어서, 그리스도인이 받은 사명은 바로 세상이 이 약속에 닫혀 있지 않게 하려고 모든 것을 다하는 것이다. 왜냐하면, 이 약속에 닫혀 있는 것은 인간 실존에서 종교적 차원을 배제하는 것일 뿐만 아니라, 더 근본적으로 그것은 세상이 자신 안에, 결국 자신의 무질서 속에 닫혀 있다는 것을 의미하기 때문이다. 실제로 세상은 자기 자신 속에 갇혀서, 자신의 논리, 즉 힘과 지배의 논리에 복종하며 오직 무질서를 향할 뿐이고, 인간의 삶의 가능성이 쇠약해지는 상황으로 나갈 따름이다. 자끄 엘륄이 명시한 것처럼, 그리스도인의 윤리적 행동의 목적은, 이 세상과 **하나님나라** 사이의 대립을 감소시키는 것이 아니라, 이 세상의 무질서와 하나님의 보존 질서 사이의 대립을 감소시키는 것이다. 사실 보존 질서 안에는 보수적인 것 혹은 반동적인 것은 없다! 그리스도인은 이 세상의 상황이 **하나님나라**의 미래에 열려 있도록 힘써야 한다. 왜냐하면, 인간이 세상의 상황을 변화시킬 수 있고, 또 세상의 역사에 따라 자신들이 만들어지는 것이 아니라, 이 열림 덕분에 인간이 자신들의 역사를 만들 수 있기 때문이다. 자끄 엘륄은 다음과 같이 의미심장한 말을 썼다. "모든 기술이, 다가오는 **하나님나라**에 의해 정돈되고, 위치하고, 판단되지 않을 때, 그것은 죽게 된다, 즉 기술은 비효율적이게 되고 죽음의 근원이 된다." 그리고 기술에 의해 지배되는 현대 세상처럼 기술이 전부가 된 세상 속에서, 이 열림은 오직 그리스도인의 증언에 의해서만 가능하다. 다만, 이것은 그리스도인들이 이 세상에 의해 동화될 수 없는 미래를 지니고 있고, 또 그들이 하나님나라의 축소될 수 없는 새로움과 색다름이란 의미를 잃지 않는다는 조건에서 가능한 것이다.

자끄 엘륄의 전체 연구 작업은, 그리스도인들이 세상 안에서 특별한 소임을 수행하도록 부름을 받았으며, 또 그들은 실제로 예수 그리스도 안에서 받은 약속으로 말미암아 이 소임을 수행할 수 있다는 확신으로 이루어졌다. 그리고 이 역할이 세상 그 자체를 위해 필수적이기 때문에, 그리스도인들이 항상 새롭게 그들의 특수성을 재발견하고, 실천해야 하는 것은 필수적이다. 밀가루 반죽 속에 항상 들어 있는 적은 양의 소금 혹은 누룩은 밀가루 반죽이 잘 발효되도록 그 맛과 특성을 잃어버리지 말아야 하듯이, 창조가 새로운 창조를 향해 진행되고, 변형되기 위하여 그리스도인들은 그들의 특수성을 놓치지 말아야 한다. 그러므로 종말론적 시각 속에 기독교 윤리가 놓이면, 자끄 엘륄이 발전시킨 것처럼, 그것은 심도 있게 쇄신된다. 우선, 기독교 윤리를 특징짓는 것은, 윤리적 행위를 통해 그리스도인들이 고유한 정의를 추구하는 것과는 전혀 상관이 없다는 점이다. 왜냐하면, 그들이 기독교적 정의를 추구할 때, 그들은 하나님의 의지의 영원한 표현으로 여겨진 율법을 가지고 떳떳하게 행동하지만, 사실은 각자 자기 이익을 위한 것이기 때문이다. 반대로 그리스도인들은 그들의 시대에 존재하는 사람들을 섬기는 일이 필요한데, 그것은 하나님이 모든 사람을 위해 이룩하신 화해를 효과적인 방식으로 표현하기 위해서이다. 다른 말로 하면, 그리스도인의 윤리적 행위는 그들이 받은 선교사의 소명을 표현한 것일 뿐이다. 왜냐하면, 그들의 사명인 복음전파가 인간의 실제적 상황과 무관하게 이루어진다면, 또 미래의 약속에 열려 있는 이 세상을 유지하기 위해 그리스도인들이 구체적으로 참여하지 않는다면, 복음전파는 위선적 도피일 뿐이기 때문이다. 자끄 엘륄이 강조하는 것처럼, 그리스도인들이 이 임무를 포기할 때, 즉 그들이 그들의 특수성을 잊고 있을 때, 그들은 하나님과 그들의 소명을 배반하는 것이며, 또한 세상을 배반하는 것이다. 하지만 그리스도인들은 인간과 창조의 구성원으로서 이 세상 속으로 보내심을 받았고, 이 세상과 연대관계 속에 있다.

한편 기독교 윤리의 쇄신 범위는 넓다. 쇄신으로 말미암은 결과들 가운데, 여기서 언급하기 적당한 것은 적어도 세 가지가 있다. 이 세 가지는 매우 명백하게 종말론적 시각 속에 놓여 있기 때문이다. 그러므로 종말론적 시각 속에 놓인 세가지 기독교 윤리란 각성覺醒의 윤리, 책임의 윤리, 소망의 윤리다.

먼저, 종말론적 윤리가 세상을 보존하는 데 이바지하는 기능을 가지는 한, 이 윤리는 이 세상의 실재에 대한 각성 그리고 세상의 무질서를 향해 진화하게 하는 진짜 상황과 숨겨진 성향性向에 대한 자각을 내포한다. 오직 "종말"을 향한 방향만이 지성을 쇄신할 수 있게 한다. 그런데 이 쇄신은 이 세상의 허상에 굴복하지 않으려면 필수적이고, 또 세상의 실재에 직면하면서 그리스도인의 사회참여의 진짜 쟁점이 어떤 것인지를 분별하기 위하여 필수적이다. 왜냐하면, 이 사회참여가 세상의 보존에 이바지할 수 있는 방식은, 세상, 세상의 성향, 세상의 가치 혹은 세상의 이상과 일치함으로써 가능한 것이 아니기 때문이다. 만약 세상이 그 자체에 의하여 무질서를 향해 나아간다면, 하나님나라의 징후는 모순의 징후로서 나타나야 한다. 이 모순의 징후를 통해 그리스도인들은 현재 세상을 이끄는 닫힘과 죽음이란 의지에 반대하게 된다. 이런 이유 자체 때문에, 그리스도인은 세상에서 시간을 초월하여 완전히 관념적으로 정의할 수 있는 기독교 윤리를 가질 수 없을 것이다. 자끄 엘륄은 거기서 끊임없이 다음을 주장한다. 즉 윤리적 고찰은 항상 일시적이고, 항상 재검토되어야만 한다. 왜냐하면, 이 세상의 도전은 유동적이고 변하기 때문에, 윤리학 쟁점이 늘 같을 수 없기 때문이다. 한 예를 들자면, 과거에 전쟁을 억제하기 위한 중요한 시도試圖였던 '정당한 전쟁'이란 교리는, 오늘날 전쟁이 이데올로기에 의해 촉발되어 절대적으로 평화주의적인 태도가 요구될 때 그 효력은 상실되고 심지어 위험한 것이 되기도 한다. 그러나 정당한 전쟁 혹은 평화주의, 양쪽 모두 핵 억제를 판단하기에 불충분하다. 왜냐하면, 핵 억제는 완전히 새로운 상황 안에 인류를 놓아두기 때문이다. 그런데 이 상황에서 인류의 생존을 위한 쟁점은 오직 전쟁체제를 제거하고 국제 질서의 조건들을 창안하는 것일 수 있다. 정당한 전쟁 교리도 평화주의자의 윤리도 이러한 조건들을 창안하지 못했다. 그런데 핵 억제에 의해 얻게 된 유예기간이 사라지기 시작할 때는 이러한 조건을 만드는 것이 다급해질 것이다.

다음으로, 종말론적인 시각에서 기독교 윤리는 아직 책임의 윤리로서 나타난다. 이 용어가 많이 사용되었지만, 일반적으로 그 의미는 눈에 띄지 않는다. 사실상 책임의 윤리란 행동의 가치를 판단하는 윤리이다. 그런데 이 판단은 행동의 근원이 되는 의도라는 관점에서뿐만 아니라, 예상치 못했거나 직접 원하지 않은 결과까지 포함하여, 행동이 일으키는 결과의 관점에서도 행하는 것이다. 오늘날 우리의 행동 결과를 성찰하는 것은 매우 시급한 일이다. 더구나 우리가 생산하고, 소비하고, 열망하고, 이동하는 우리의 방식이 얼마나 지구를 살 수 없는 곳으로 만드는 것에 일조하는지를 환경운동가의 반대를 통하여 알수록 더욱 시급하다. 그런데 이와 같은 책임의 의미는 틀림없이 그리스도인의 윤리적 성찰에서 가장 부족한 것이다. 사실 우리는 세상이 우리의 활동들을 통해 변화되는 것에 대해 근심하는 것보다,

이 활동들의 정의와 정직성에 대해 자랑하는 것을 배웠다. 예를 들어 경제적 행태 속에서, 경제적 법칙이란 단순한 게임에 의하여, 늑대와 똑같이 행하면서도 완전히 정직한 모습으로 활동할 수 있다는 사실을 우리는 확실히 안다. 그러나 우리는 아직도 선한 의도에서 흘러 온 행동들이 불행한 결과들을 가져올 수 있다는 것을 알아야만 한다. 도래하는 세상이란 관점만이 우리가 이것을 배울 수 있도록 하는데, 이 관점이 우리의 행동과 세상의 미래를 판단한다. 수많은 사례가 있는 이와 같은 불행한 결과들을 분별하기 위하여, 또 불행한 결과의 영향을 줄이려면, 먼저 우리의 고유한 실재가 포함된 현실이 우리의 가장 좋은 의도들에 대해 투명하게 반응하지 않는다는 사실을 받아들여야 한다. 다시 말해 인간의 모든 행동의 양면성을 받아들여야만 한다. 이와 같은 수용은 책임이란 쟁점 자체를 구성한다. 이 책임은, **하나님나라를 실현하고자 겉으로 주장하지 않으면서 종말론에 뿌리박은 윤리학**으로부터 나온다.

마지막으로 종말론적 윤리학은 소망의 윤리학으로서 정의된다. 자끄 엘륄이 "소망은 현재 속에서 종말론의 힘이다"라는 훌륭한 표현에서 말한 것처럼, 만질 수 없는 원리에 의해서가 아니라, 오는 세상에 의하여 행동하는 것을 우리에게 가르치는 것이 바로 소망의 윤리학이기 때문이다. 이 점에서 기독교 윤리학은 도덕 지상주의와는 정반대이다. 또한, 소망의 윤리는 우리의 행동으로 절대적인 것을 만드는 시도에 저항하지만, 우리의 행동을 완전히 신중하게 받아들이면서, 세상에서 행동할 수 있는 용기를 준다. 왜냐하면, 이런 행동이 하나님의 행동과 새 창조의 예측할 수 없는 새로움에 열리게 하는 것이, 우리 행동의 상대적인 특성을 수용하기 때문이다.

그리스도인의 윤리적 행위는 하나님나라를 도래하게 하기 위한 시도가 아니라, 그 나라의 도래를 위한 그들의 기도를 표현하는 방식이다. 이 점에서 만약 우리의 윤리적 참여가 이 기도의 한 형태라는 사실을 깨닫는다면, 우리는 흠잡을 곳이 없이 현실적 관심거리가 되는 책들을 아주 특별한 관심을 두고 다시 읽어야 할 필요가 있을 것이다. 그런데 이 책에서 자끄 엘륄은 새로운 삶의 방식 창안에 대해 이야기하고 있다. 오늘날, 삶의 행태들이 광고의 강령과 대중매체의 범람에 의하여 대규모로 판에 박은 듯 빚어진다. 그리고 미래를 담보하는 삶의 양식을 고안하려고 애쓰는 생태학적 환경만이 존재한다. 실제로 그리스도인들의 책임과 소망을 환기시키는 세상의 도전에 직면하여, 그리스도인들이 자신들의 선한 양심 안에 갇혀 있는 것은 실망스럽다.

베르나르 로르도르프
Bernard Rordort

하나, 세상 속의 그리스도인

너희는 세상의 소금이다.
너희는 세상의 빛이다.
나는 너희를 이리 가운데 있는 양처럼 보낸다.

세상 속의 그리스도인

1장. 세상 속의 그리스도인의 상황과 직무

연구의 출발점

본 연구시작에 즈음하여, 몇 가지 성서에 따른 진리들로부터 출발하는 것이 꼭 필요할 것으로 보인다. 이 진리들은 모두에게 잘 알려졌지만, 여기서 다시 다루는 것이 절대 무용無用한 것이 아니라고 생각한다.

성서는 그리스도인의 정체에 대해 우리에게 말해주고 있는데, 먼저 그는 세상 안에 있고 또 세상에 머물러야만 한다는 것이다. 그리스도인은 세상에서 분리되거나 동떨어져 있으려고 존재하는 것이 아니다. 세상에서 분리되는 것은, 하나님이 알곡은 취하고 가라지를 버릴 때, 즉 세상의 종말 시점에서 하나님이 하는 일이다. 또한, 하나님의 택함을 결정하는 것도 인간의 일이 아니다. 마찬가지로 그리스도인들도 집단을 이루어 자기들끼리 살면서, 결국 다른 사람들과 섞여 사는 것을 거부하지 말아야 한다. 그리스도인 공동체는 결코 닫혀 있어서는 안 된다. 그런데 이처럼 그리스도인이 필연적으로 세상 속에서 존재해야 할지라도, 그는 세상에 속하지 않는다. 이것은 그가 세상에 의하여 통제되지도 않으며, 세상을 의존하지 않는 생각과 삶과 마음이 있다는 것을 의미하고, 또 생각과 삶과 마음이 다른 주인에게 속한다는 것을 의미한다. 이처럼 다른 주인에 소속된 그리스도인은, 이 주인과의 연합이 끊어지지 않은 채, 주인에 의하여 세상 속으로 보냄을 받았다.

그러나 예수 그리스도와 그리스도인과의 연합은 대단히 중대한 결과를 가져온다. 무엇보다 그리스도인은 이 연합으로 말미암아, 세상의 물질적 힘과 대면하는 것이 아니라, 영적인 실재와 대면하게 된다. 그가 예수 그리스도와 연합되었기 때문에, 그가 싸워야 할 것은 혈과 육에 대한 것이 아니라, "정사와 권세와 이 어둠의 세상 주관자들"에 대한 것이다. 동시에 이 연합은 그리스도인이 세상에 속하지 아니하였으며, 죽음을 향해 가는 세상의 운명으로부터 자유롭게 되었음을 확신시켜주고 있다. 또한, 은혜로 말미암은 이러한 자유는 결과적으로 그가 세상의 영적 실재들과 투쟁할 수 있다는 사실을 확신시켜준다. 아주 정확히 말하자면, 그는 세상을 누르는 운명을 끊어버리도록 부름을 받았으며, 실제로 그럴 수도 있다. 이것을 위해 하나님의 은혜로 필요한 무기들을 받는다. 엡6장

성서가 말하는 그리스도인의 직무

그런데 이러한 분명한 사실과 관련하여 그리스도인의 역할은 어

떤 것이 되어야 할 것인가? 대답은 너무나 쉽다. 즉, 증인 되기, 복음 전파 하기, 그리스도인의 삶을 사는 것 또는 하나님의 섭리에 따라 행동하는 것이라고 쉽게 대답할 수 있다. 이 모든 대답이 진실이지만, 그것이 의미한 바를 깊이 이해하지 못하거나, 단지 전통적인 형식일 뿐이라면, 우리는 결코 진실한 대답에 이르지 못한 것이다. 오직 성서만이 어떻게 그리스도인의 역할에 대한 대답을 더 현실적으로 만들지, 또 어떻게 그리스도인의 상황과 행동을 구체적으로 이해할 수 있을지를 우리에게 제시한다.

그리스도인은 필수적으로 아무렇게 행동하지 말아야 한다. 그는 이 세상에서 다른 누구도 채울 수 없는 역할을 가지고 있다. 그는 인간의 행위 중에서 그가 선하다고 평가하는 행위를 선택하도록 요구받거나, 또 거기에 참여하도록 요구받지 않았다. 그는 어떤 세상 기업을 축복하거나 인간의 결정을 지지하도록 요구받지 않았다. 그는 세상 사람이 생각할 수 없는 임무를 부여받았다. 이 임무야말로 궁극적으로 사람들의 행위를 평가하는 데 있어서 결정적이다. 그들의 행위의 참과 거짓은 이 임무에 따라 결정된다.

만약 그리스도인이 어떤 인간적인 계획에 전력을 다하여 일한다면, 그는 다른 사람들과 다를 바 없는 존재가 되며, 또 그의 노력도 그들보다 더 나은 것이 없다. 그러나 무작위로 물질과 효율성을 세상에 개입시키지 않는 그리스도인의 특수한 직무를 그가 받아들인다면, 이것은 인류의 역사를 위해 결정적으로 이바지하는 것이다.

하나님은 이 직무를 수행하게 하려고 그리스도인을 세상에 보냈다. 이 직무는 다른 직무와 공유되는 부분이 없고, 또 세상이 이해할 수도 없다. 그렇지만, 다른 모든 직무는 바로 이 직무로 말미암아 의미를 가지게 된다. 성서는 이 직무를 세 가지 말로 정의한다.

너희는 세상의 소금이다.
너희는 세상의 빛이다.
나는 너희를 이리 가운데 있는 양처럼 보낸다.

세상의 소금이라는 것은 구체적으로 레위기 2장 13절에 의거하는데, 성서는 우리에게 소금은 언약의 징표라고 이야기한다. 그러므로 그리스도인이란, 세상 사람들 앞에서 또 세상의 영적인 실재 속에서, 하나님이 그리스도 안에서 세상과 맺은 새로운 언약의 가시적인 징표이다. 그런데 그리스도인은 진정으로 징표이어야 한다. 다시 말해 그는 자기의 삶과 말을 통해 세상 사람들 눈에 이 언약을 보이게 해야만 한다. 그것이 없다면, 이 세상은 언약을 박탈당하고 말 것이며, 세상은 더는 어디로 가야 할지 모르고, 더는 자신에 관한 어떤 지식도 갖지 못하고, 자기 보존에 대해 어떤 확신조차 하지 못한다. 그 점에서, 세상의 소금이라는 사실은 어떤 물질적 활동보다도 세상을 보존하는데 그리스도인이 크게 이바지를 하는 것이다.

우리는 세상의 빛이다. 빛이 어둠 속에 나타났으나, 어둠이 그것을 받아들이지 않았다. 그리스도인은 그리스도에 의하여 이 빛이며, 이것은 이중적인 의미로 이해될 수 있다.

먼저 빛은 어둠을 쫓아내는 것이며, 생명을 죽음으로부터 분리하는 것이고, 선의 기준을 제공하는 것이다. 마5:14-16에서 빛에 대한 이 구절 다음에 선행에 관한 언급이 뒤따른 것이 바로 이 때문이다. 이 빛이 없다면, 우리는 엄밀히 선한 일이 무엇이고, 선이 무엇인지를

알 수 없다. 다른 측면에서, 이 세상의 빛은 바로 세상의 역사에 의미를 제공하는 것이고, 세상역사의 방향을 제시하고 설명하는 것이다. 역사의 흐름이 나타나는 일련의 사건의 연속 속에는 어떤 논리성도 어떤 확실성도 없다. 그러나 이상하게 보일지 몰라도, 이 논리성은 바로 **교회**의 존재함에 의해 나타난다. 빛이 된 그리스도인이 세상의 생명을 이루는 한 요소인 이유가 바로 그 때문이다. 즉 그리스도인은 세상에 대한 계시의 사역을 하며, 세상을 보존하는 사역을 자신이 도구가 되어 하는 구원의 간증과 함께 한다.

이리 가운데 있는 어린 양으로서 그리스도인은 세상에서 하나님 사역의 실재에 대한 표징이다. 하나님의 어린양은 예수 그리스도이며, 세상의 죄를 제거한 분이 바로 그이다. 모든 그리스도인은 그를 주인으로 여기며 또 예수 그리스도로부터 그의 사역에 동참하기를 요구받고 있다. 모든 그리스도인은 한 마리의 양이다. 그런데 이것은 그의 행동 혹은 희생이 세상을 깨끗하게 하는 특성이 있는 것 때문이 아니라, 그가 하나님의 어린 양의 희생을 세상 가운데서 항상 새롭게 보여주는, 살아있는 실제적 표징이기 때문이다. 세상에서 모든 사람은 이리가 되고자 하며, 누구도 양의 역할을 담당하기 위해 부름을 받지 않았다. 그렇지만, 세상은 이 희생의 산 증인을 가지지 않는다면 생존할 수 없다. 그 이유 때문에 그리스도인이 **영적으로** 이리, 즉 정신적인 지배자가 되지 않도록 주의해야 한다. 그리스도인은 자신에 대한 다른 사람의 지배를 받아들여야 하고, 또한 자신의 삶에서 일어나는 일상적인 희생을 받아들여야만 한다. 이 희생이 예수 그리스도의 희생을 표상하고 있기 때문이다.

이 성서구절들은 그리스도인에 대해 언급하고자 사용하는 비유나 수식어로서 이해되지 말아야 한다. 그것은 화술이나 멋진 이미지가 아니다. 우리는 이 구절들에서 형식과 시詩만을 보고자 하는 경향이 매우 강하다. 그것은 그리스도인에게 뜻밖에 일어나는 일종의 사건, 즉 하나의 가능성이 절대 아니다. 사람들은 그리스도인이 이 특성이 있지만, 다른 특성도 가질 수 있다고 너무 쉽게 말해 버린다. 반대로 이 구절들에는 회피할 수 없는 엄연한 실재가 있는 것이다. 우리는 예수 그리스도에 의하여 그리스도인의 특별한 기능에 직면하고 있다. 그리스도인은 다른 선택의 여지가 없다. 그는 다르게 존재할 수 없으며 선택권이 없다. 그가 그렇게 되지 않는다면 그는 자기의 직무를 수행하지 않는 것이다. 이것은 예수 그리스도에 대한 배신인 동시에 세상에 대한 배신이다. 그가 늘 선행에 힘쓸 수 있고 종교적 혹은 사회적 활동에 열중할 수 있다. 그러나 그가 예수 그리스도에 의하여 특별히 부여된, 무엇보다 세상의 표징이 되라는 유일한 임무를 수행하지 않는다면, 이 모든 것은 더는 아무 의미가 없게 된다.

세상과 연대한 평신도

이러한 상황은 모든 그리스도인의 상황이지만 평신도에게 더욱 절실하게 다가온다. 왜냐하면, 구체적으로 평신도는 세상과 분리될 수 없기 때문이다. 평신도는 이 주제에 대해 결코 착각할 수 없다. 무엇보다 그는 자신의 일과 관심사에 의해 세상에 참여한다. 그는 끊임없이 친히 이 세상에 의해 공격을 받는다. 그는 점점 더 세상과 동떨어져 있기 어렵다. 모든 사람은 예전보다도 더 세상 속에 개입되어 있다. 오늘의 세상은 그 어느 때보다도 더욱 침투적이며 파괴적이고 강제적이다. 오늘날은 단순한 직업도 우리의 모든 생명력을 흡수해버

리기에 충분하다. 우리 각자는, 생각할 여유도, 그리스도인으로서 우리의 임무를 수행할 여유도, 심지어 살아갈 여유조차 주지 않는 엄청난 활동 속에 완전히 빠졌다.

기독교 평신도는, 자신이 잘 알고 있듯이, 자신의 삶을 영위하는데 자유롭지 못할 뿐만 아니라, 믿음의 인생을 펼치는 것을 절대적으로 막는 기계적인 연대성에 복종하고 있다. 그가 이것을 원하든지 원하지 않든지 간에, 그는 다른 사람들과 묶여 있다. 사실상, 이것은 과거 문명 안에서보다 현대 세상 안에서 더욱 사실이다. 이제 더는 고립될 수 없고 분리될 수 없다. 수도원 혹은 은둔에 집착하는 그리스도인의 삶에 대한 환상은 사라졌다. 교통수단이란 단순한 물질적 사실 때문이든지, 경제적 기구들의 상호의존성 혹은 민주주의의 발전 때문이든지 간에, 어쨌든 이들의 영향력은 발휘되어, 인간을 타인과의 연대 속으로 잡아 놓는다. 따라서 그리스도인은 다른 사람들 옆에서 혼자서 순수하다고 주장할 수 없다. 그는 세상의 죄에 대해 무관하다고 선언할 수도 없다. 오늘날 문명에 관한 한 가지 중요한 사실은 점점 더 죄가 집단성을 띤다는 것과 개인은 거기에 동참할 수밖에 없다는 점이다. 각자는 모든 사람의 죄의 결과를 짊어진다. 이것은 전쟁의 상황에서 더욱더 그렇지만, 모든 사회적 상황에서도 마찬가지로 적용된다. 타락한 세상 속에서 '완전'할 수 있다는 환상, 이것은 아직도 기독교적 삶에 대한 환상인데, 이제는 사라져 가고 있다.

현대인은 구체적으로 개인의 죄가 아니라 인류의 죄의 상태 속에 있는 것이기 때문에, 개인의 미덕, 개인적 선행 혹은 개인의 힘을 더는 신뢰할 수 없다. 성서의 오랜 진리가 모두의 눈에 확연히 드러났다. 우리의 사회는 우리의 죄에 관한 하나님의 계시를 표현한 것이며,

우리는 이것을 거부할 수 없다. 의인은 없나니 하나도 없다.롬3:10 의인이 없는 이유는, 개인적으로 모든 사람이 나빠서가 아니라, 모든 것이 죄 아래 가두어졌기갈3:22 때문이고, 죄 속에서 모든 사람 간의 연대성이 있기 때문이고, 또 이 연대성은 공간적일 뿐만 아니라 역사적이기 때문이다. 이 연대성은 우리를 죄 안에서 죽은 자들과도 연대하게 하고, 나아가 원죄까지 연결된다. 오늘날 우리의 세상이 우리에게 가르치는 것은, 이 교리가 어떤 추상적 개념이나 설명이 아니고, 현대 전쟁 속에 모두가 연대 되어 있는 것만큼이나 구체적인 실재라는 점을 명확히 확인해 주는 것이다.

세상의 상황을 회피하는 방식

현 상황은 그리스도인에게 불쾌할 수 있다. 사제 혹은 목사는 그것을 덜 느낄지도 모르나, 평신도는 이 상황을 피할 수 없다. 그러나 그는 이 상황을 모면하기 위해 온 힘을 다할 것이다. 이 목적을 위해 두 가지 시도할 만한 것을 찾아볼 수 있다. 어떤 이들은, 육적인 것이 가진 모든 의미를 부인하고, 육적인 것은 영생에 대해 중립적인 것으로 혹은 관련이 없는 것으로 선언하면서, 영적인 상황과 육적인 상황을 분리하려 할 수 있을 것이다. 그래서 그들은 오직 "영적인 문제"에만 관심을 둘 것이다. 그때 그들은 다음처럼 말할 수 있을 것이다. 중요한 것은 내면의 삶이며, 소금 혹은 빛이 되라는 말씀은 실천적인 결과를 지니지 않은 순수하게 영적인 표명이라는 말이다. 이 태도는 정확하게 예수 그리스도가 위선이라고 일컬었던 바로 그것이다. 이것은 세상에서 자신의 믿음을 몸소 체험하는 것을 포기하는 것이다. 또 이것은 예수 그리스도라는 살아있는 인격을 추상화시키는 것이다. 그

러나 하나님은 성육신하셨다. 그런데 이 성육신은 우리가 성육신을 추상화시켜 버리려고 일어난 것이 아니다. 우리의 삶을 두 영역으로 나누는 것은 세상에서 교회의 영향력을 약화시키는 원인 중의 하나이다. 이 두 영역이란, 하나는 완전한 영적인 영역이며, 또 다른 하나는 '불신자처럼' 존재하는 전혀 중요하지 않은 물질적 영역이다. 믿음의 책임을 외면하는 이런 책임회피는, 분명히 우리의 사회가 우리를 놓아둔 견딜 수 없는 상황에 대해 익숙한 한가지 문제해결 방식이다. 그것은 예수 그리스도가 우리에게 원했던 것과 그가 행하려고 오셨던 것에 정확하게 정면으로 대치되는 것이다.

현재, 빈번하게 볼 수 있는 다른 해결방식은, 세상의 행동들을 도덕화하기를 원하거나 기독교화하길 원하는 것이다. 만약 국가가 기독교화된다면, 이런 국가를 의지하는 것이 좋아서, '기독교 국가를 만들자'와 같은 이야기가 나온다. 이 일을 실현하려면, 좋은 제도, 좋은 윤리와 같은 일종의 "기독교적 개념"을 가지는 것, 또 모든 상황에서 선한 것이 무엇인지를 아는 것, 그리고 우리의 세상의 상황을 이 칠로 덧입히는 것이 필요하다.1) "악마를 황금색으로 칠하시오", '흰 옷을 입히시오", "아마 천사가 될 것이다." 모든 기독교 윤리, 기독교 사회

---

1) [역주] 엘륄이 우리에게 말하고 싶은 것은 그리스도인은 세상을 포기하지 않고 세상 한 가운데(in)에서 사는 것이다. 그러나 세상의 한 부분이(of) 되는 것이 아니다. 그렇지만 세상은 사탄이 통치하는 귀신들의 나라임을 알아야 한다. 거기서 그리스도인은 두가지 오류를 범하는데 한가지가 세상으로부터 분리하려는 시도이고 다른 한가지가 반대로 세상을 정복하려는 것이다. 여기서 페인트와 같은 칠, 즉 기독교 개념으로 세상의 상황을 덧입히는 것은 후자의 행위이다. 엘륄의 시각은, 그리스도인이 아무리 덧칠해도, 즉 기독교화시켜도 세상은 여전히 마귀의 세력이 작동되며 본질은 변하지 않는다는 것이다. 그리스도인은 세상을 포기해서도 안되고 기독교화하려고 해서도 안된다. 단지 둘 사이에 있으면서 생기는 대립과 충돌, 모순과 갈등을 받아 내는 것을 묵묵히 할 뿐이다.

학 혹은 기독교 정치학, 심지어 사회주의적 기독교가 우리에게 해결 방법이라고 제시하는 것들은 이러한 채색의 시도이다. 사람들은 그럴듯한 신학에 따라 세상의 활동과 상황을 설명하거나 정당화시킴으로써, 혹은 축복하거나, 기독교적 처방과 덕목을 거기에 가져오길 바라면서, 세상의 활동과 상황에 기독교적인 색을 입히고자 시도한다. 요약하자면 모든 가설 속에서, 이들은 세상이 우리에게 부여한 상황을 용인하도록 시도하는 것이다. 또 이들은 군인이나 은행원이면서 동시에 그리스도인일 수 있다는 것을 보여주려고 애쓰는 것처럼, 마찬가지로 사회적 무질서와 인간적인 비참함을 선행을 실천함으로써 정당화한다. 모든 사회체제가 세상의 삶의 조건이 그리스도인의 '양심'에 그렇게 심하게 충격적이지 않다고 평가할 수 있는 지점까지 도달해야만 한다. 실제로 사람들은 세상과 하나님나라 사이에 다리를 만들기를 원한다. 그리고 그리스도인은 그 다리 위에 영원히 있기를 바랄 것이다. 분명히 이 다리는 선행과 선한 양심을 수반한 윤리이다.

그러나 세상이 신앙을 위해 존재해야만 하고, 동시에 신앙이 세상을 위해 존재해야만 한다는 난제를 제거하기 위한 이와 같은 노력은, 현존하는 가장 반기독교적인 태도처럼 보인다. 이어지는 연구에서 우리는, 세상이 우리에게 던진 몇 가지 심각한 문제들에 직면하여, 어떻게 그리스도인이 연루되며, 그의 상황이 어떤 것인지, 더 정확히 말하자면, 그리스도인의 상황을 적당히 진정시키고 만족하게 하는 차원에서 해결책은 가능하지 않다는 것을 고찰할 것이다.

2장. 세상 속에서 그리스도인의 자세와 역할

세상에서 그리스도인의 상황

그러면 어떤 측면에서 질문을 던져야 할 것인가? 여기서 새로운 어떤 것을 말하고자 하는 것이 전혀 아니다. 여기서는 단순히 언제나 완전히 알려진 기독교 진리인 것을 재발견하고자 할 뿐이다. 그런데 그리스도인들은 늘 이 진리가 대단히 껄끄럽고 심지어 견디기 어려워서 잘 잊으려고 애쓰고 있다. 이 상황의 첫째 요소는 다음 내용들 사이에서 일어나는 대립이 약화되지 않는다는 사실이다. 구체적으로 기독교 신앙, 계시의 요구, 세상의 요구, 세상의 잘못, 세상적 타협을 일으키는 세상에서의 삶, 이들 간의 대립이다.

세상에서 산다는 사실은 우리가 피하지 말아야 하는데, 그것은 우리의 신앙에 걸림돌이다. 우리는 세상에서 살 수밖에 없고 세상에 머물러야만 한다. 우리는 이 세상에 익숙해질 권리와 기독교적 환상으로 세상을 감출 권리를 가지고 있지 않다. 세상에 살면서, 우리는 이 세상의 임금, 즉 사탄의 영역에 산다. 우리가 우리의 주위에서 끊임없이 보는 것은, 이 임금의 활동이며, 우리가 모두 예외 없이 놓여 있는 죄의 상태로 말미암은 결과이다. 왜냐하면, 우리의 노력과 경건에도 우리는 세상의 죄에 참여하고 있기 때문이다. 또한 우리가 세상의 죄에 동참하게 되는 이유는, 우리의 믿음에도 불구하고, 우리는 죄인이거나 또는 죄인으로 남아있기 때문이며, 또 하나님이 만드신 공동체들 안에서 다른 사람들과 연대하기 때문이고, 내 가족과 내 국가의 사람들이 죄를 범할 때, 내가 하나님 앞에서 이 범죄에 대하여 책임을 져야 하기 때문이다. 이 사실은 단지 말로 표현한 것에 불과한 것이 아니어야만 한다.

우리는 세상에 참여하는 것이 실제로 의미하는 것이 무엇인지 알아야만 한다. 그것을 알려면, 우리의 개인적인 죄뿐만 아니라, 이 세상에서 살고, 이 세상과 연대한 사실로 말미암은 우리의 공동체의 죄를 고려하는 것이 필요하다. 따라서 우리의 선행으로 우리의 죄를 줄일 수 있다고 생각하는 것을 중단해야만 한다. 또 사람이 세상에서 덜 나쁘거나 아니면 덜 불행할 수 있다는 생각을 하고 세상을 개선하는 것이 가능하다고 믿는 것을 그만두어야 한다. 우리가 그리스도인이 처한 이 상황을 심각하게 받아들인다면, 세상의 부패에 자신이 참여하는 것을 거부해야만 하며, 동시에 "우리는 세상에서 아무것도 할 수 없어"라고 말해서도 안 된다. 이렇게 말하는 것은 이 세상 임금을 도와주는 것이다! 따라서 우리는 어느 것도 의미가 반감될 수 없는 두 필요성 사이에 놓여 있는 것이다. 즉 한편으로 우리가 이 세상을 덜 죄짓게 하는 것이 불가능하다는 것이고, 다른 한편으로 있는 그대로 죄된 세상을 받아들이는 것도 불가능하다는 것이다. 이것 혹은 저것을 거부하는 것은, 사실은 하나님이 세상으로 보내신 자들을 놓아두신 상황을 받아들이지 않는 것이다. 우리가 죄와 은혜의 긴장 속에 처해 있는 것과 마찬가지로, 우리는 이 두 모순된 요구 사이에 놓여 있다. 그것은 몹시 고통스럽고 대단히 불편한 입장이다. 그러나 그것은 세상 속에서 그리스도인의 활동과 세상에서의 존재함을 위한 효과적이고 변함없는 견해이다. 먼저 이 긴장을 받아들여야만 하고 변함없이 그 안에서 살아야만 한다. 우리는 우리의 삶 속에 필연적으로 거리끼는 것이 있다는 사실을 회개하는 마음으로 받아들여야만 한다. 자신이 달라질 수 없다는 것을 알면서도 자신이 다를 수 있다고 주장하

는 것은 위선이다! 그러나 진실로 세상에서 우리의 상황을 안다는 것은, 사람들이 진실로 자신의 문제를 알고 있다는 것을 전제한다. 우리가 정직하려면, 이 그리스도인의 삶의 긴장을 추상적인 진리처럼 받아들이지 말아야만 한다. 가능한 한 더 구체적이고 생생한 방식으로 이 긴장을 경험하고 실현해야만 한다. 또한, 그리스도인은 그것을 실천하는 것이 사회적, 경제적, 정치적 관점에서 세상을 돕는 진정하고 유일한 수단임을 깨달아만 한다.

사회적, 경제적, 정치적 영역에서, 세상이 가진 특징은, 세상은 거짓 문제들을 제기한다는 것이다. 자연인은 자신이 그 안에서 발버둥치는 영적 실재를 스스로 직시할 능력이 없다. 그는 사회적, 정치적, 경제적인 문제의 표면만을 본다. 그리고 그는 기술적인 방법과 윤리적인 기준에 따라 이 표면 위에서 일하려고 애를 쓸 뿐이다. 이러한 방식으로 그는 항상 더 거짓되고 복잡한 상황에만 도달하여, 끝내는 자기 문명이라고 부르는 것의 붕괴까지 이르게 된다.

이러한 문제에서 그리스도인의 역할은 구체적으로 다른 사람들처럼 문제를 제기하고, 기술적이고 윤리적인 헛된 해결을 시도하는 것이 아니라, 정치적 혹은 경제적인 모든 상황이 포함하는 진정한 영적인 어려움을 발견하는 것이다. 그 해결책으로 말하자면, 그것은 전혀 합리적일 수 없다. 그것은 죄들에 대하여, 오직 예수 그리스도 안에서 주어진 용서를 받아들이고 생명을 주는 해결방식만이 있을 수 있을 뿐이다. 달리 말하면, 정치적, 경제적 문제 등이 해결될 수 있는 것은 바로 **복음**을 받아들이고 실천함으로 가능하다. 따라서 거짓과 눈가림이 아닌 사람의 도리로 이 문제에 응답하게 하는 유일한 길은, 앞에서 언급한 이 긴장을 받아들이는 것이다.

평신도의 존재 의미

한편, 평신도가 자신의 삶에서 이 긴장을 받아들이고 긴장의 절정까지 겪는다는 사실은 신학이 세상에 이야기할 말을 되찾기 위한 필수적인 인간조건이다. 그것은 믿음의 언어와 불신자의 언어 사이에 가교를 두려면 반드시 지급해야 할 대가이다. 실제로 오늘날 목회자나 신학자는 세상에 더 할 말이 없는데, 그 이유는 그가 **교회**에서 더는 평신도가 아니기 때문이다. 또한, 신학적 진리는 세상과 어떤 접촉점도 없는데, 그 이유는 한편으로, 세상의 상황을 알지 못하는 목사가 있기 때문이고, 다른 한편으로 신앙과 삶 사이의 분리를 조심스럽게 시도하거나 혹은 도덕을 통하여 긴장에서 탈출하려고 시도하는 평신도가 있기 때문이다. 이 사실을 말하는 것이 물론 세상과 접촉을 만들어주는 유일한 성령을 의심한다는 것은 아니다. 그것은 성령이 일하신 전체 역사 속에서, 하나님은 그의 **영**에 의하여 활동하시기 위해, 물리적 매개자, 즉 인간이란 수단을 쓴다는 사실을 인정하는 것이다. 그런데 구체적인 이 물리적인 매개자는 우리의 **교회** 안에 없다. 이는 어째서 선포된 말씀, 즉 복음이 더 세상을 감동시키지 못하는 이유이다. 이 복음의 매개자는 앞에서 규명한 긴장을 경험하는 평신도이다. 평신도는 그가 사는 환경 속에 존재하는 세상의 이데올로기와 신학 사이의 접촉점, 즉 경제적 현실과 이 현실에 대한 예수 그리스도의 죄 사함 사이의 접촉점이다. 그런데 이 경제적 현실은 하나님 앞에서 결코 다르게 "개선될" 수 없는 현실이다. 그래서 기독교 평신도의 경험은 신학자가 인간을 이해하는 지식의 장이라고까지 말할 수 있다.

그렇다고 해서, 평신도가 단순히 이 "실험대상"에 그치는 것은 아니다. 그가 자신의 삶에서 매일 이 긴장을 경험할 때, 그가 단순히 세

상 속에서 존재한다는 사실은, 교회에 세상이 처한 곤경의 진실과 세상적 가치들을 알도록 하고, 또한 세상이 하나님의 말씀을 이해 못 하게 하려고 교란을 시도하는 거짓말 배후에 놓인 교회의 진정한 문제가 어떤 것인지 알도록 한다. 이처럼 평신도 삶의 위치는 교회와 세상에 본질적이다. 따라서 이 평신도의 위치를 왜곡하지 말아야만 한다.

기독교 윤리의 문제

그러나 그리스도인의 긴장된 삶이 세상 속에서 그리스도인이 처한 상황의 실제 문제를 해결하지 못한다. 그는 일상적인 삶에서 "이 땅의 소금", "세상의 빛", "이리들 가운데 양"이 의미하는 것을 살아내도록 노력해야만 한다. 그리스도인의 삶은 단지 형식들의 총체로 남아 있도록 하지 말아야 하며, 실천적인 형태를 띠고 구체적으로 삶의 한 요소가 되어야만 한다.

사실 이렇게 해서 기독교 윤리의 문제가 제기된다. 그런데 이 윤리는 일반적으로 도덕이라고 불리는 것과 전혀 관계가 없으며, 전통적으로 이해된 "기독교적 덕목"과 별로 관련이 없다. 비록 기독교 윤리를 깨닫게 해주는 것은 계시로부터, 그리고 믿음 안에서 만들어졌다고 해도, 그것은 이러한 신학적 결정도 아니고 지적인 구성물도 아닌 것은 분명하다. 기독교 윤리의 핵심에는 하나님 앞에서 개인적인 믿음의 전투가 있으며, 각자의 믿음의 분량에 따라, 믿음의 결과로 획득된 살아있는 삶의 자세가 있다. 그것은 결코 법칙, 원리, 명령어의 나열이 아니다. 사실 각 그리스도인은 자신의 행위와 양심에 대한 책임을 지닌다. 따라서 우리는 하나님의 윤리적 요구에 관하여 모든 사람을 위하여 완전하고 효력이 있는 서술을 할 수 없으며, 또한 그 핵심에 이를 수도 없다. 우리는 단지 그것의 개요와 조건들을 정의할 수 있을 따름이며, 예증을 사용하여 몇 가지 요소들만을 연구할 수 있을 뿐이다.

사실, 기독교 윤리의 핵심에는, 기독교 윤리는 삶의 종말론적 구조를 의지한다는 생각이 있다. 즉 그리스도인의 삶은 항상 종말이요, 결정적이고 단호한 마지막 전투이다. 또 그것은 심판과 은혜가 우리 마음에 지속적이고 구체적으로 존재한다는 것을 의미할 따름이다. 그런데 이 사실은 구체적으로 우리의 자유를 보장한다. 즉 우리는 삶의 순간순간마다 정죄를 당하기도 하지만 동시에 은혜도 받아서, 숙명적인 결정이나 사탄적인 죄의 사슬이 없는 새로운 상황 안에 놓이기 때문에 우리는 자유롭다. 이러한 내용보다 더 깊이 다루는 것은 신학자의 일이다. 여기서는, 모든 기독교적 태도는 예수 그리스도 안에서 하나님의 사역과 직접적인 관계가 있다는 것을 보이는 것으로 충분하다.

나에게 기독교 윤리는 임시적이어야 하고, 변증적이여야만 한다는 두 가지 지배적인 특성이 있는 것처럼 보인다.

기독교 윤리는 주어진 다양한 상황과 관련되어 있기 때문에 **임시적**이다. 또 그것은 원리를 제정하는 것과 관련된 문제가 아니고, 주어진 환경에서의 행위에 대한 심판을 아는 것과 관련된 문제이다. 따라서 우리는 변할 수 없을 것 같은 도덕적 개념들을 고집하려는 것이 아니다. 성서는 기독교 윤리가 상황과 장소에 따라 그 형태와 구체적인 적용에 있어서 다양하다는 것을 우리에게 가르쳐 주고 있다. 이것은 내가 윤리의 핵심에 대해 앞에서 언급한 이후로 놀라운 것일 수 있다. 사람들은 기독교 윤리에는 어떤 자료나 구성도 없고, 단순히 개인에게 믿음에 따라 행동하도록 내버려두는 것으로 구성되어 있다는 결

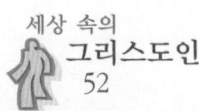

론을 끌어낼 수도 있을 것이다. 그러나 실제로 그렇지 않다. 객관적으로 표지될 수 있는 신앙의 결과들이 있다. 그런데 반대로 말하는 것은 우리를 천사로 만드는 것이며, 그것은 우리가 **하나님나라** 안에 이미 있다고 생각하는 것이고, 우리의 **육체**는 **성령**의 활동에 더는 어떤 거슬림도 제공하지 않는다고 생각하는 것이다. 그러나 우리는 아직도 이 "사망의 육신" 속에 있다. 먼저 기독교 윤리의 구성은, 그것이 안내자요, 믿음에 주어진 지표요, 형제들을 위한 진정한 조력자이기 때문에 필요하다. 또한, 그것은 하나님이 우리를 향해 내린 심판에 실제적이고 구체적인 내용을 주기 때문에 필요하고, 끝으로 기독교 윤리 구성은 **교회**의 교육에 필수적이기 때문에 필요하다. 그러나 이러한 윤리의 설정이 각 그리스도인의 믿음의 싸움을 대신하지 말아야만 한다. 그 이유는 그것은 지표일 뿐이지 명령이 아니기 때문이다. 또한 이 윤리가 모든 문제의 영원한 해결을 제공한다고 믿지 말아야만 한다. 그 이유는 그것은 본질적으로 임시적이여야 만 하고, 모든 교회의 공동체 사역에 의하여 끊임없이 개정되고, 재검토되고, 새롭게 만들어가야만 하기 때문이다.

더 나아가 기독교 윤리는 필수적으로 **변증적**이다. 그렇다고 그것이 기독교 진리의 방어와 논증이라는 통상적 의미, 즉 지적인 활동으로 이해하여서는 안 된다. 이 변증은 실제로 인간이 이루어낼 수 없는데, 그것은 마태복음 5장 16절에서 문제가 된 바이다. "이같이 너희 빛을 사람 앞에 비취게 하여 저희로 너희 착한 행실을 보고 하늘에 계신 너희 아버지께 영광을 돌리게 하라" 다시 말해서, 기독교 윤리에 따른 미덕으로 행한 행실은 예수 그리스도에 비추어 진실로 참된 행실로서 드러나야 한다는 것이다. 세상은 스스로 이 선행을 볼 수 없으며, 오직 예수 그리스도를 통한 비춤에 의해서만 볼 수 있다. 그래서 우리의 행실은 우리 안의 예수 그리스도의 활동으로부터 직접적으로 와야만 한다. 우리의 행실은 세상을 위해 그리스도의 사역으로부터 비춤을 받아야만 한다는 것을 의미한다. 이것은 우리가 우리의 행실을 결정하기 위하여 세상의 판단을 의지할 필요가 없으며, 반대로 이 판단을 무시해야만 한다. 그리고 이 행실들이 사람들로 하여금 하나님을 찬양하게 하여야만 한다. 이 점에서 우리의 행실들은 변증적 성격을 띤다. 우리의 모든 윤리는 하나님의 영광을 위하여 치르는 세상과의 싸움을 향하지 않는다면 의미가 없다. 따라서 교회에 의하여 형성된 윤리는 구체적으로 각 그리스도인의 상황인 긴장을 옮겨 쓴 것이 되어야만 한다. 이 윤리는 이 싸움의 이미지를 지니며, 윤리의 절정은 이 싸움을 하나님의 영광으로 향하게 하는 것이다.

따라서 우리는 윤리가 말씀의 선포와 분리될 수 없다고 생각한다. 왜냐하면, 그리스도인의 행위 자체가 진실로 사탄의 활동을 파괴하고, 세상에서 그리스도의 몸을 세우는 것을 목표하기 때문이다. 마지막으로 기독교 윤리가 그리스도인의 긴장을 해결하는 수단이 아니라는 생각으로 다시 돌아가야만 한다. 그것은 의롭게 되기 위한 비결이 아니다. 그것은 기독교 믿음과 세상의 가치 통합이 아니다. 그것은 성령 없이 살도록 그리스도인에게 주어진 편리함도 아니다. 오히려 그 모든 것과 정확하게 반대이다.

이 윤리의 문제는 세상 속의 그리스도인이 당하는 모든 상황을 포함하는 것이 아니라, 단지 그의 행동을 요약해서 묘사한 것일 뿐이다. 그런데 이 행동은, 우리가 앞에서 언급한 것처럼 받아들여야 하는 "긴장 상황에 부닥치기"와 기독교 윤리 적용의 열매인 세상의 보존에 참

여하기 사이에 놓인 하나의 요소일 뿐이다.

세상의 보존에 대한 그리스도인의 참여

그리스도인은 세상의 보존에 참여해야만 하고, 거기서 실제로 일해야만 한다. 그러나 아직도 이 주제에 대해 심각한 오해를 없애려고 노력해야만 한다. 사람들이 세상의 보존에 대해 말하면, 즉시 세상이 자신을 위해 가장 좋은 것이라고 평가하는 활동들에 참여하는 것을 떠올린다. 세상은 자신의 방식을 선택하고, 자신의 문제를 해결하기 위한 자신의 행동계획을 결정한다. 그리고 사람들은 자주 세상을 보존하는 것을 돕기 위해서, 그리스도인들이 바로 이 활동에 동참해야만 한다고 생각한다.

그래서 사람들이 나치 정권의 만행에 전율하고 있을 때, 그리스도인들은 십자군을 설교했다. 세상은 무기를 들었고, 그리스도인들 또한 같은 무기를 들고 이 악마적 세력에 대항하여 다른 사람들과 똑같은 방식으로 싸웠다. 마찬가지로 전쟁 재건의 문제가 놓인 현재에도, 많은 그리스도인과 훌륭한 사람들이 같은 재건을 설파하고, 다음과 같은 것을 말하면서 이 재건을 위해 세상이 선택한 방식으로 사람들을 참여시킨다. 즉 국제연합은 칭송할만하며 미래가 가득 찬 기구다. 무엇보다도 물질적인 재물을 생산하는 것이 문제다. 조립식 주택이 모든 것의 해결책이다. 심지어 어떤 기독교 잡지(가톨릭)에서 "세탁기는 프랑스를 위한 구원의 도구가 될 것이다"라는 것을 보았다.

나는 거기에 심각하고 중대한 혼동이 있다고 생각한다. 그리스도인이 실제로 세상의 보존에 참여하는 방식은 다른 사람들처럼 세상의 기술적 행위로 행동하고 일하면서가 아니라, 우리가 더 앞에서 언급했던 그리스도인의 특별한 소임을 수행하면서이다. 그것은 기술적인 일을 하지 말아야만 한다거나 혹은 그것이 소용없다는 것을 의미하는 것은 분명히 아니다. 다만, 모든 사람이 이 일을 하지만, 이 일은, 오직 그리스도인만이 할 수 있으나 종종 실행하지 않는 다른 일을 통하여 인도받고, 동반되고, 지지받지 않으면 아무런 의미가 없다는 것을 말할 뿐이다. 왜냐하면, 세상은 하나님의 방법에 의하여 보존되어야만 하는 것이지, 인간의 기술에 의하여서가 아니다. 물론 인간의 기술도 오직 인간이 기술을 판단하고, 기술에 대한 복종을 염려한다는 조건을 지닌다면, 하나님의 방법 안으로 들어갈 수 있다. 또 세상은 하나님이 원하시는 어떤 질서 안에서 보존되어야만 하는 것이지, 인간이 이 질서에 대해 만들어 놓은 계획 위에서가 아니다. 물론 이 계획도 오직 인간이 확실한 진리와 진정한 정의에 대해 염려한다는 조건이라면, 하나님이 용납할 수 있다. 따라서 히틀러가 악마적 힘을 대표한다는 것이 사실이라고 한다면, 히틀러와 직면하여 **먼저** 영적인 싸움을 수행해야 한다. 이 싸움에서 결정적인 것이 기도였지만, 우리는 놀라운 기도의 능력을 더는 믿지 못하였다! 믿음의 무기인 **성령**에 의하여 귀신들을 내쫓는 것은 바로 축사逐邪기도였다. 모든 사람이 물리적인 전쟁을 생각하거나, 전쟁을 해야만 한다고 생각할 때, 혹은 단순히 대포들을 봉헌하는 것을 생각하는 동안에, 그리스도인들이 진실로 이 기도의 방법들로 행했다면, 우리가 전 세계에서 확인하는 나치 정신의 이 가공할만한 승리가 없었을지도 모른다는 사실은 매우 가능성 있는 이야기이다.

    오늘날 세상은 그리스도인들이 뿌려놓은 것을 수확한다. 즉 영적인 위험에 직면하여 그리스도인들은 "무기"를 요청했고 육체적으로

싸웠다. 우리는 육체적으로 승리자이지만 영적으로 패배했다. 오직 그리스도인만이 영적인 전쟁을 수행할 수 있었다. 그들은 그것을 하지 않았다. 그들은 세상의 보존에서 자신들의 임무를 수행하지 않았다.

지금도 우리는 재건하는 것에 있어서 같은 실수를 범하고 있다. 그리스도인들과 교회들은 우선 영적인 차원의 일, 즉 세상의 실제상황에 대한 이해, 하나님의 질서에 대한 연구와 선포, 그리스도인의 재건, 인간의 고등문명 형성에 관한 일을 해야만 한다. 이 모든 활동은 구체적으로 **교회**가 행할 수 있는 구체적인 가능성이다. 만약 그것이 이루어 지지 않는다면, 나머지 모든 것은 쓸데없다. 나머지 모든 것은 더 많은 무질서로 향할 뿐이다.

세상의 보존을 위하여 실제로 동시에 특별하게 참여하는 것은, 나에게 세월의 아낌이란 개념과 연결될 수 있어 보인다. 만약 골로새서 4:5와 에베소서 5:15의 두 구절을 병행하여 놓는다면, 우리는 그것들이 정확하게 같은 방식으로 구성되어 있으며, 바울의 생각이 이 문맥 속에서 매우 분명함을 파악하게 된다.

골로새서(4:5)	에베소서(5:15)
외인을 향하여서는 지혜로 행하여 세월을 아끼라. 너희 말을 은혜 가운데서 소금으로 고루게 함같이 하라…	그런즉 너희가 지혜 있는 자 같이 조심성 있게 행하는 것에 주의하라 세월을 아끼라… 주의 뜻이 무엇인가 이해하라

세월을 아끼는 문제, 즉 자유롭게 되려고 아껴야 할 종노릇 하는 세월의 개념 문제로 깊이 들어가려고 애쓰지 않더라도, 우리는 이 구

절들을 통해서 세상에서의 그리스도인이 처한 상황 연구를 위한 놀 랄만한 생생한 지침을 가졌다고 생각해야만 한다. 이 지침이 문제의 핵심 자체가 되는 듯이 보이는데, 마치 그것이 윤리학의 문제인 행동 과 설교, 즉 지혜의 열매인 선행과 하나님의 뜻에 대한 지식 사이의 연결점에 놓여 있는 듯이 보이기 때문이다. 그때부터 우리는 시간을 아끼라는 개념을, 지금까지 우리가 말했던 모든 것을 포괄하는 그리 스도인의 특별하고도 분명한 기능으로 생각하는 것을 회피할 수 없 게 된다. 그런데 이것은 이 개념이 신학적인 측면에서가 아니라 **그리 스도인의 상황이란 측면**에서, 즉 그리스도인의 삶의 중심에서 나타난 다는 사실 때문이다. 어쨌든 이 두 구절은 우리에게 설교와 행동 사이 에 분리가 없다는 것과, 또한 분리가 없어서 세월을 아끼는 것이 진정 한 보존의 사역임과 동시에 구원의 사역임을 보여준다. 이처럼 우리 가 세월을 아끼는 것이 행동과 설교에 달렸다고 생각한다면, 그리스 도인의 세상 속에서의 상황은 독특한 의미가 있는 것으로 보인다.

주님의 뜻과 세상의 뜻

그리스도인이 처한 상황에 대한 구체적인 성격을 파악하기 위해 고려해야 할 또 한 측면이 남아있다. 진실로 세상의 보존에 참여하기 위하여 그리스도인은 두 흐름, 즉 주님의 뜻과 세상의 뜻 사이의 접촉 점에 서 있어야만 한다.

주님의 뜻은 심판과 용서, 율법과 은혜, 명령과 약속으로 동시에 나타나는데, 이 주님의 뜻은 성서 안에서 우리에게 계시가 되었고, 하 **나님의 영**에 의하여 조명되었다. 그것은 현재의 시간 속에서 설명되 어야 하지만, 변하지 않는다. 이 계시는 우리에게 세상이 살 수 있는

조건들, 다시 말해 구체적으로 세상이 보존될 수 있는 조건들을 제시한다. 그러나 이 보존은 절대적으로 그 **자체만으로** 실현될 수 없다. 우리가 이 보존을 위하여 모든 논리적, 물질적, 정치적, 경제적 조건들을 모을지라도, 또 우리가 하나님이 제정한 이 조건들을 깨닫는다고 하더라도, 우리가 구원을 목적으로 이 보전을 위해 일하지 않는다면 그것은 아무 소용이 없다. 왜냐하면, 하나님은 한편으로 세상을 보존하고, 다른 한편으로 세상을 구원하는 것이 아니기 때문이다. 그는 세상을 구원**하면서** 세상을 보존한다. 하나님은 이 보존을 활용하면서 세상을 구원한다. 보존의 뜻과 보존의 질서는 구원의 뜻과 **복음**의 선포와 같은 것이다. 그러나 복음은 세상 안에서 구현되어야 하고, 우리의 말과 행동도 세상의 현재 상황에 의하여 인도받아야 하지만, 이 상황이 하나님 뜻의 내용과 통일성을 변질시켜서는 안 된다.

세상의 뜻은 항상 죽음의 의지이고 자살의 의지이다. 우리는 자살을 용납하지 말아야 하며, 그런 일이 일어나지 않도록 구체적으로 행동하여야 한다. 따라서 우리의 노력이 어떻게, 어떤 방향으로 쏟아야만 할지 알려면, 또 자살을 막으려면, 우리는 자살하고자 하는 세상 뜻의 현재 형태가 어떤 것인지 알아야만 한다. 세상은 스스로 보존될 수 없으며, 세상 모두를 통제하는 영적인 상황에 어떤 대책도 찾을 수도 없다. 세상은 죄의 무게를 짊어졌고, 자신을 하나님과 분리하도록 하여, 결과적으로 죽음을 향하도록 하는 사탄의 영역이다. 그것이 세상이 할 수 있는 모든 것이다. 그러므로 우리에게 세상적 성향과 자살을 심사숙고하지 않은 채, 하나님의 도성을 건설하거나, 세상 안에 하나님의 질서를 세우는 것이 중요한 것이 아니다. 단지 이 자살의 의지가 현재의 모습으로 활동하는 바로 그곳에 서서, 주어진 상황 속에서 하나님의 보존 의지가 어떻게 활동할 수 있는지를 관찰하는 것이 문제이다. 만약 우리가 완전히 관념적이 되지 않으려면, 우리는 이 세상의 치명적 성향이 어떤 것인지를 영적인 실재와 그 깊이 속에서 이해해야만 한다. 우리의 노력을 쏟아야만 하는 곳이 바로 그곳이다. 세상이 제기하는 잘못된 문제들이나 관념이 되어 버린 하나님의 질서가 잘못 적용된 것에 관심을 두어선 안된다. 만약 영적인 깊이를 이해한다면, 설교의 사역은 물질적 구제의 사역을 필수적으로 동반한다는 것을 깨닫게 된다.

그러므로 그리스도인이 진실로 세상에서 존재할 수 있고 하나님의 은혜에 의하여 효과적인 사회적 혹은 정치적인 사역을 할 수 있는 것은 항상 설교와 물질적 구제가 만나는 지점에 서면서이다.

우리가 다음 장에서 다루려고 시도하는 것은, 이 죽음의 의지에 대한 몇 가지 오늘날의 표현들과 이 사실에 직면한 그리스도인의 태도에 관한 연구이다.

둘 혁명적인 기독교

세상 속에서 그리스도인의 상황은 혁명적 상황이다.
그가 세상의 보존에 참여하는 것이야말로
세상 가운데서 소진되지 않는 혁명적 힘이다.

혁명적인 기독교

1장

종말론적 세상에서 혁명의 필요성

우리의 세계 상황 속에서 모든 사람은 근본적인 변화의 필요성, 즉 이 문명에 대한 철저한 변혁의 필요성에 대해 크든 작든 간에 명백히 공감하고 있다. 그들은 이것을 혁명이라고 부른다. 한편, 그들은 그와 같은 운동과 사상과 사회조직과 사건의 끓어오름 속에 그리고 그와 같은 불확실성 속에 살고 있기 때문에, 그들은 현재 세상은 혁명적이라고 기꺼이 말하고 있다. 마침내 그들은 많은 사람이 새로운 해결책을 제안하고, 많은 정당이 혁명적으로 나타나기 때문에 오늘날은 역사상 전에 없었던 많은 혁명가가 있다는 사실을 의심할 수 없다고 확신한다. 이렇게 우리 시대의 사람들은 혁명의 필요성을 느끼면서도, 이미 혁명의 실재를 입증했다는 사실에 만족한다. 그러나 우리가 사는 상황을 더 심층적으로 살펴볼 필요가 있다.

혁명이 필요하다는 사실, 그것에 대해 강조할 필요가 없다. 우리 서구문명이 기계적이고 이성적인 형식 속에서 전 세계를 지배했지만, 이 문명은 치명적인 곤경에 다다르게 되었다. 이전에 생각도 못했던 불행이 모든 형태로 전 지구를 휩쓸고 있다.

전면적 전쟁, 독재제국, 행정적으로 구조화된 기근, 국가와 가정과 같은 사회적 틀과 개인적 비도덕성과 같은 내적 틀의 도덕적인 완전한 붕괴, 빈민들에게는 아무 유익이 없는 부의 가공할만한 증가, 국가통제 혹은 자본주의로 말미암은 개인의 통제 속에서의 거의 대다수 인류의 노예화, 인류 전체차원과 특별한 개인차원에서 일어나는 인간의 비인간화, 그 모든 것이 이미 잘 알려졌다.

그런데 인간존재는 이런 상황 속에서 편안함을 거의 느끼지 못한다. 안정이나 희망이 없다. 그래서 변화가 요구된다. 실제로 변화하는 것이 필요하다. 우리가 전진하면 할수록 더욱더 인간적 해결책의 비효율성을 깨닫게 된다. 이 해결책은 차례로 실패하고 있으며 더욱더 우리가 처하는 어려움을 증가시킬 뿐이다. 우리가 진보하고 발전을 이룰수록 더욱더 우리는 우리의 손에서 벗어난 세상을 지배하고 통치할 수 없다는 사실이 명백해진다. 희망을 보존하기 위한 선한 의도에도, 우리 각각은 그것을 아주 잘 알고 있다. 그래서 만사를 제대로 돌아가게 하는 진정한 변화가 생기는 것을 보려는 우리의 갈망이 증대된다.

따라서 세상의 혼란, 대책의 불가능, 혁명의 필요성을 동시에 생각하면서, 우리는 이 세상이 종말이며 말세의 세상이라고 말하길 원한다. 이런 생각에 대해 빈정거리는 말로 대답하기는 쉽고, 또한 모든

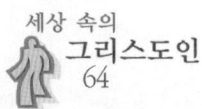

시대에 모든 사람은 그들의 시대가 예외적이고, 극적이며 마지막이라고 믿었다는 사실을 주장하기는 쉽다. 주후 2세기나 천 년 혹은 16세기에도 끊임없이 이러한 의견에 대한 증거들이 있다. 왜 우리의 시대가 다른 시대보다 더 고통스럽고 종말론적일까? 그러나 그것은 단지 시각적 착각일 뿐이다. 이백 년 뒤에 우리가 집착한 세세한 것들이 사라졌을 때, 우리의 시대는 다른 시대와 같은 평범한 역사였으며 전혀 종말론적이 아니었다는 것이 드러날 것이다. 따라서 우리의 열정과 환상에 의하여 길을 잃도록 해서는 안 된다.

과거와 비교하면 오늘날 비참함이 더 심각하다는 사실을 객관적으로 평가하지 못한다는 이 주장에 대답해야만 한다. 또한, 역사가의 시각이 아니라 인간의 시각에서 중요한 것은, 객관적이고 물질적인 '실재'가 아니라 우리가 염려하는 사상, 고통, 희망 그리고 이 현실 안에서 사는 사람들의 불안감이라는 주장에 대답해야만 한다. 오늘날 거리의 사람들이 완전히 절망감을 느끼는 것에 이유가 있다. 중요한 것이 바로 그것이다. 게다가 그리스도인으로서 경험한 매 순간이 사실은 역사적이 아니라 종말론적이라는 사실을 깨닫는 것이 매우 중요하다. 만약 우리가, 사망이 지속적으로 존재한다는 의미에서 타락인 에덴의 추방을 심각하게 받아들인다면, 또 우리가 날도 시간도 알지 못하는 그리스도 재림의 약속을 심각하게 받아들인다면, 우리는 현재 순간을 종말론적으로, 다시 말해 심판과 용서에 직면한 말세로 여길 수밖에 없다. 그리스도인은 세상에 대해 다른 시각을 가질 수 없고 오직 종말론적 시각만으로 산다. 역사적으로 이것이 세상의 끝이 절대적으로 아님을 아주 잘 알면서도, 그는 매 순간 마치 이 순간이 마지막인 것처럼 행동해야만 한다. 이것이 종종 "깨어라"라고 받은 권면의 의미이다. 중요한 것은 실제적인 세상의 끝이 아니라 실제로 종말론적인 현재의 삶이다. 우리의 세상은 그런 의미에서 종말론적이다. 그렇다고 해서 필요성을 느끼는 혁명에 대한 모든 우리 동시대 사람들의 요구를 추상화하여 부정할 수 없는 노릇이다.

세상의 정체성과 구조들

우리의 시대가 혁명적이라는 확신에도 표면상의 움직임과 표면적인 진보 속에서, 우리는 실제로 변동이 전혀 없는 상황 속에서 살고 있다는 사실을 분명히 인정해야만 한다. 틀림없이 엄청난 무질서와 폭력이 있고, 기술적 진보가 있고, 사회적 정치적 실험이 있다. 그러나 실제로 우리의 세상은 정지되어 있다. 이것은 세상의 구조들이 절대적으로 고정되어 있기 때문이다. 또한, 지금까지 발달이 완전히 논리적인 방향을 따라서 진행된 것 때문이지, 혁명적인 방식을 따라서 된 것이 아니기 때문이다.

사실, 세상 문명 안에는 결정적으로 지배적인 몇몇 가치와 세력이 있다. 즉 생산의 우선성, 국가 권력의 지속적인 성장과 민족 국가 성립, 기술의 자율적 발달 등이다. 다른 가치와 세력들 사이에서 존재하는 그것들은 생산수단의 소유 혹은 그 어떤 전체주의적 교리보다도 훨씬 중요한 이 세상의 구성요소들이다. 이 요소들에 대한 문제제기가 되지 않는 한, 이 세상은 움직이지 않는다. 그런데 현재의 모든 진보는 우리 문명의 구조를 발전시키는 데에 있다. 하지만, 모든 정당, 혁명적이든 혹은 보수적이든지, 자유주의적이든 혹은 사회주의적이든, 우파든지 혹은 좌파든지, 모두는 이 근본적인 현상들을 보존하는 데 동의한다.

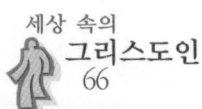

어떻게 이 세상은 지배적인 가치와 세력과 다르게 존재할 수 있을까? 사람은 사실들과 자신의 정서를 일치시키기 때문에, 예를 들어, 기술이 모든 분야에서 증대되고 또 우리가 더 큰 기술을 기대하기 때문에, 다른 대안은 있을 수 없다. 우리 시대에 충격을 주는 모든 재난이 이 근본 구조와 매우 정확하게 연결되어 있다. 그것을 증명하려면 길고도 상세한 연구가 필요할 것이며, 이 연구는 여기서 우리의 목적이 아니다.2) 지금부터 이 연구를 하기를 기대하면서, 우리는 다음과 같은 사실을 확고히 하는데 머물겠다. 즉 현대의 보편적인 재앙은 우연 혹은 불운의 산물이 아니며, 진보라는 행복한 메커니즘 안에서 일어나는 사고의 결과가 아니다. 그것은 우리 문명 구조 자체로 말미암은 피할 수 없는 결과이다.

그러므로 이 구조를 변화하지 않은 채, 거기서 대책을 찾는 것은 절대적으로 무익하다. 그런데 우리가 말했듯이, 이 구조는 모든 사람의 지지를 받는다. 더구나 이 구조는 아직도 사람들의 현실 속에서 알려지지도 밝혀지지도 않았다. 따라서 혁명에 대해서 이야기하는 것은 헛된 것이다. 더 정확히 말하자면 사람들은 혁명을 마르크스주의자들이 부여한 새로운 개념에 따라 파악할 수밖에 없다. 즉 혁명은 역사의 논리적 과정의 반전反轉이 되기는커녕, 이 논리적 과정 자체를 서두르는 것이다. 따라서 예견할 수 있는 혁명은 국가 권력을 항상 더 강하게 강화하고, 항상 경제기능에 인간을 더 확실히 종속시키며, 대중 속으로 인격을 더 완전하게 사라지게 하는 것이다. 결국, 기존 구조들을 강화시킬 뿐이다! 따라서 이런 방식의 혁명은 우리가 겪는 나쁜 결과들을 전혀 변화시키지 못한다는 것을 예상해야 한다. 물론 이

---

2) 자끄 엘륄, 『기술체계 *le système technicien*』(대장간 역간)를 보라.

런 혁명은 현대인의 소망과 아무런 관련이 없다.

　게다가 혁명은 성공하기 위해서 현재 세상의 방법만을 사용해야만 하기 때문에, 다른 식의 모든 혁명은 지금 불가능하다는 결론을 내도록 대단히 강요받고 있다. 예를 들어 인간을 해방하기 위해서 많은 지원, 즉 익숙한 선전도구들을 사용하는 것이 필요할 것이다. 또한, 대중만이 현실적으로 혁명에 성공할 수 있기 때문에, 또 이 토대 없이 혁명을 시도하는 것은 불가능하기 때문에, 대중 정치를 할 수밖에 없을 것이다. 그러나 만약 우리가 대중을 조직한다면, 우리는 정확히 문명 구조 고유의 장치에 들어가는 셈이다. 그래서 인간을 해방하기 위하여 각 사람 안에 아직 자유롭게 남아있는 모든 것을 파괴하기 시작한다. 그때 사람은 거의 "쇠사슬에 묶인 위뷔Ubu"3) 안에 울려 퍼진 "자유로운 인간들의 합창단"과 같아진다.

　거기에 공산주의와 파시즘의 모든 비극이 있다. 그들은 우리 문명에서 진정한 혁명을 할 수가 없다. 왜냐하면, 그들은 이 문명의 본질적인 사상을 받아들이고, 또 이 사상의 내적 발전의 노선을 걷는 것에 머물기 때문이다. 그들은 이 세상이 그들에게 제공하는 것을 사용하기 때문에, 세상을 변혁시킨다고 주장하면서도 세상의 종이 되어 버렸다. 공산주의와 파시즘에 따라 주창된 모든 혁명은, 우리 시대의 진정한 문제들을 결코 변화시키지 못하는 표면적인 변조일 뿐이다.

　필요한 혁명을 하려는 절실한 바람과는 반대로, 이렇게 심각할 정도로 문명구조가 바뀌지 않고 진정한 혁명이 불가능하다는 사실은 확실히 우리 시대의 핵심적 특징이다. 일찍이 없었던 격렬한 정당 간

---

3) [역주] 이것은 선구적 초현실주의자인 Alfred Jarry(1873-1907)의 5막의 희곡 작품 「위뷔왕 roi Ubu」에서 주인공인 위뷔를 언급한 것이다.

의 투쟁과 명백한 반대에도, 몇 가지 핵심적 구조에 근거한 모든 이데올로기와 모든 가치의 획일성과 노선의 동조를 향해 나아갈 뿐이다.

이것은 투쟁을 부인하는 것이 아니다. 투쟁은 존재하지만 허상이다. 다시 말해 투쟁하는 인간들은 허상을 위해 싸우고 있다. 그것이 현재의 비극 중의 하나이다. 실제로 자신들의 조건을 변화시킬 수 없는 사람들은 잘못된 동기를 위해 스스로 희생한다. 현재의 투쟁은 진실로 혁명적이 아니다. 그것은 개인과 집단의 투쟁이다. 즉 권력을 차지하려는 기술일 뿐이다. 투쟁은 수단에 관한 격론이지 목적을 문제 삼지 않는다. 그것은 권력에 대한 반대이지 세상의 개념에 대한 반대가 아니다. 이처럼 공산주의 사회는 자본주의 사회와 본질적으로 같은 기저 위에 세워져 있다. 소비에트 연합은 기저에서 미국과 같은 법칙에 복종한다. 한쪽의 인간이 다른 한쪽보다 더 자유롭지 못하다. 인간은 다른 방식에 의하여 생산에 이용될 뿐이다. 한쪽의 인간이 다른 한쪽보다 더 보존되지도 않는다. 그는 단지 다른 대중 속에 통합될 뿐이다. 정의는 다른 이유로 좌파만큼 우파에서도 조롱을 받는다. 또 독재체제에 살든지 혹은 민주체제에 살든지, 노동에 대한 미국적 합리주의가 스타하노프 운동4)과 매우 비슷한 것처럼 금융기술은 어디서나 똑같다.

일단 우리 문명의 기본적 가설들이 인정되고 나면, 단지 겉모습만이 바뀔 수 있다. 개인적 자본주의나 국가적 자본주의, 서구식 민주주

---

4) [역주] 스타하노프(Stakhanov)운동은 1930년대 중반 소련에서 전개된 노동생산성 향상운동이다. 사회주의 경쟁의 대표적 형태로 1935년 채탄부(採炭夫) 스타하노프는 1교대로 노동기준량의 약 14배나 초과달성하였다. 그 결과 전국의 노동자에게 그를 본받으라는 캠페인이 전개되었는데, 이 노동운동에 의해 노동자들 사이에 경쟁이 일어나 임금격차, 숙련도에 바탕을 둔 서열화가 고정화되었다.

둘 - 혁명적인 기독교 69

의 혹은 동양식 민주주의, 이것은 같은 사람이 입는 다른 의복일 뿐이다. 그러나 의복이 성직자를 만들지 않는다. 그런데 성인남녀, 심지어 우리 시대의 아이들까지 이 혁명 때문에 서로 죽이도록 부름을 받는데, 그것은 바로 이 의복을 위해서이다. 그들은 혁명을 갈망하지만 그들의 투쟁의 조건 자체가 이 혁명을 실현하는 것을 방해한다.5)

사실에 대한 존중과 혁명적 자세

그렇지만, 우리는 **지금** 우리가 사는 세상에 대하여 인간이 이토록 무지하게끔 한 일반적 동기가 어떤 것인지 물어볼 권리가 있다. 틀림없이 금기시된 것처럼 우리를 누르는 가장 강력한 동기는, 즉 우리로 하여금 이 문명의 구조에 대해 문제를 제기하거나, 우리를 필요한 혁명의 길로 내던지는 것을 막는 동기는 사실을 존중하는 것이다. 다른 문명 속에서는 오늘날과 같은 정도로 사실에 대한 존중이 없었고, 오늘날과 같은 방식으로 사실을 생각지 않았다는 것은 아주 잘 알려졌다. 현재에는 사실이 어떤 것이든 간에 획득된 사실, 물리적 사실은 최종적 이유이고 진리의 기준이다. 사실인 모든 것은 바로 그것 자체에 의하여 정당화된다. 사람들은 사실에 대한 판단이 없으며 단지 복종해야만 한다고 파악한다.

따라서 기술, 국가 혹은 생산이 사실인 순간부터, 사실로서 그것들을 추앙하는 것이 좋은 것이며, 우리 자신을 그것들에 순응시키려고 노력해야만 한다. 거기서 우리는 진짜 현대종교, 즉 획득된 사실이란

---

5) 이 주제를 더 살펴보려면 자끄 엘륄, 『부르주아의 변신 *Métamorphoses du bourgeois*』, 『혁명의 해부 *Autopsie de la Révolution*』, 『혁명에서 반란으로 *De la Révolution aux révoltes*』, 『혁명의 변질 *Changer de Révolution*』를 보라.(이상 대장간 역간).

종교의 본질을 보게 된다. 돈, 종족 혹은 프롤레타리아라는 하위종교들은 이 사실종교에 종속되는데, 이 하위종교들은 위대한 현대 우상인 사실이라는 몰록6)의 표상들이다. 그리고 그것은 항상 같은 메커니즘이다. 즉 사람들은 "프롤레타리아"란 사실, "국가"란 사실, "돈"이란 사실을 받아들인다. 또 그들은 그것들을 신격화한다. 그리고 그것들은 불쑥 인간의 모든 범주에 어떤 어려움 없이 강요된다. 왜냐하면, 모든 현대인은 자기 마음에 사실에 대한 열광을 두고 있기 때문이다. 모든 사람 눈에 사실과 진리가 합쳐져 보인다. 만약 하나님이 오늘날 더는 진리가 아니라면, 그것은 사실의 모습을 가지고 있지 않기 때문이다. 한편, 종교를 만드는 것은 대중의 이러한 내적인 신념이란 특성이다. 종교를 소유하려면 대단한 신조와 교리, 의식과 예배가 필요하지 않다. 즉 마음에서 우러나오는 대중의 지지만으로 충분하다. 그런데 만약 우리 시대의 집단적 열광이 무엇인지를 보려고 애쓴다면, 그것들의 형태가 어떻든 그것들은 **사실**과 연결되어 있다는 것을 쉽게 알 수 있다. 그것을 알아차리려면 유명한 신문들을 들추어보는 것으로 충분하다.

    사실의 가치를 의심하는 사람은 우리 시대의 모든 비난 중에서 가장 혹독한 비난을 끌어낼 뿐이다. 즉 그는 퇴보적인 사람이다, 그는 아주 먼 옛날로 되돌아가기 원한다 등의 비난을 자초한다. 이 비난을 만드는 사람들은 이 의심이 아마도 현재에 가능한 유일한 혁명적 태

---

6) [역주] 암몬인이 섬기던 신으로 한때 이스라엘 민족 사이에서도 섬겼던 신이다. 히브리어로는 Molek이며, 원래 바벨론 지방에서 명계(冥界)의 왕으로 알려졌고, 가나안에서는 태양과 천공(天空)의 신으로 알려졌다. 어린이를 제물로 바쳐 제사지내는 인신공희(人身供犧)도 행했다. 예루살렘 남쪽의 힌놈 계곡에서는 이러한 이교적 제의가 많이 행해졌던 모양이나(예레미야 32:35 이후), 그 후 요시아 왕의 종교개혁 때에 전부 퇴치되었다(열왕 23:10 이후)고 전한다.

도라는 사실을 깨닫지 못한다. 이제 무슨 이름으로 우리는 사실에 굴복하는 것을 거부하는가를 알아야만 한다. 왜냐하면, 초현실주의의 길은 좋아 보이지 않기 때문이다.

원자폭탄은 이 사실이라는 종교의 권위에 대해 놀라울 정도로 적합한 예이다. 이 죽음의 도구가 발견되었을 때, 인간에게는 원자폭탄을 사용하지 않을 가능성이 있었다. 즉 이 사실을 받아들이지 않을 가능성이 놓였다. 그러나 심지어는 이 질문이 제기조차 되지 않았다. 인간은 사실 앞에 놓였을 때, 그것을 받아들여야만 했다. 그리고 그 후부터 제기된 질문들은 '부차적'이었다. "누가 이 무기를 사용할 것인가? 어떻게 그것을 조직적으로 통제할 것인가? 전쟁을 위한 핵분열의 사용 혹은 평화를 위한 사용, 어느 것이 가장 유용한 핵분열 사용인가? 핵분열과 관련하여 어떻게 경제를 조직할 것인가? 등등". 그러나 어떤 순간에도, 이 행동노선에 뛰어드는 것이 좋은 것인지 혹은 나쁜 것인지 알고자 하는 질문을 제기하지 않았다. 그것은 사실이 우리 눈에 선악의 개념을 초월하여 실제적 존재처럼 보이기 때문이다. 만약 원자폭탄과 같은 현상 주위로 밀려드는 질문들이 사물들과 사실로부터 제기되어 인간에게 부과된 질문들이다. 그것들이 인간이 자기에게 제기하거나 혹은 물질에 부여한 질문들이 아니라고 할지라도, 인간을 생각하게 하고 행동하게 하고 탐구하도록 강요하는 것은 바로 이 원자폭탄이다. 그러나 이제 중요하게 보이는 것은 폭탄의 존재가 환기시키는 문제들, 즉 사실에 의하여 부과된 문제들이다. 그것들은 다시는 "인간이 선과 악을 알기 때문에" 인간이 원자폭탄의 존재 자체에 대해, 사실의 존재에 대하여 부여할 수 있는 질문이 아니다. 이렇게 해서 인간은 진정한 자신의 최고권위를 박탈당했다. 사물

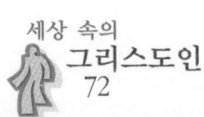

과 세상을 다스린다고 주장했던 인간은 사실의 노예가 되고 말았다. 어떤 지능적인 독재자도 인간을 종으로 만들기를 감히 바라지 못했다! 물질적 힘을 지배하길 원했던 인간은 사실에 의하여 표현된 통제되지 않은 물질에 지배받는다. 지금은 사고, 삶, 감정 모든 것이 경험, 사실의 통제에 종속되었다.

그런데 우리들의 논의에서 중요하게 생각되는 것은 사실로의 종속이 대단히 반혁명적인 입장이라는 것이다. 크레온과 안티고네 사이에서 현대인은 오직 크레온만을 옳다고 할 수 있다.7) 사실의 힘에 대항하여 싸움을 시작한다는 의미에서 혁명적인 행위는 중단되었다. 현대인은 더는 사실들에 대항하여 싸우려고 하지 않는다.

프루동은, 인간 조건에 대한 인간 의지의 최우선을 확언하고, 인간

---

7) [역주] 그리스 신화의 인물로서 안티고네(Antigone)는 오이디푸스의 딸이며, 크레온(Creon)은 그녀의 외삼촌으로서 테베(Thébes)의 왕이다. 기원전 441년에 쓴 것으로 알려져 있는 소포클레스의 비극인 「안티고네」와 1924년 장 아누이가 쓴 「안티고네」에서 작품의 배경이 되고 있는 이 비극은 안티고네의 아버지인 오이디푸스(Oedipe)가 테베에서 추방된 이후, 두 형제 에테오클레스(Etéocle)과 폴리네이케스(Polynice) 간의 권력 싸움으로 두 형제가 서로를 죽이게 된 사건으로부터 시작된다. 두 형제의 죽음 이후 왕이 된 외삼촌인 크레온은 에테오클레스의 장례식은 성대히 치렀지만, 테베를 공격하다 사망한 폴리네이케스는 반역자임을 선포하고 그의 시체를 들에 내다버려 짐승의 밥이 되게 했다. 또한 이를 거역하는 사람은 사형에 처한다고 포고했다. 그러나 안티고네는 폴리네이케스를 사랑했고 크레온의 명령이 옳지 않다고 확신했기 때문에 그의 시체를 몰래 매장했다. 화가 난 크레온은 안티고네에게 처형령을 내리는 한편 지하감옥에 가두었고 그녀는 거기서 목을 매어 자살했다. 한편 소포클레스의 작품에서는 인간이 만들어 놓은 법과 신의 율법, 국가와 개인, 국가와 가정 사이의 대립과 갈등이 잘 나타나고 있다. 장 아누이의 「안티고네」는 안티고네의 고뇌와 함께 통치자인 크레온의 고뇌도 정당한 것으로 보여준다. 이성과 타협으로써 문제를 해결하려는 크레온은 민중의 이익을 위해, 또 통치자로서의 자기 권리를 위해서 안티고네를 설복하려 한다. 그래서 크레온이 상징하는 인습과 안티고네가 상징하는 결코 굽힐 수 없는 인간 양심의 대결을 잘 나타냈다. 결국 본문에서 현대인은 진리와 본질을 향해 사실에의 굴종에 저항하는 안티고네보다는 기존에 만들어진 틀과 전통에 집착하여 변화를 거부하는 크레온과 같다는 의미이다.

에게 자신의 상황에 대항하여 투쟁하라고 요청하기 때문에 혁명적이다. 반면에 마르크스는 인간의 단순한 사실을 포함하여 사실들의 진화와 역사적 변증법의 작용에 의하여 필연적으로 사회주의 사회가 자본주의로부터 나온다고 설명하기 때문에 반혁명적이다. 사회주의는 과학적이기 때문에, 즉 사실에 굴복하고 사실들의 발전을 따르기 때문에 반혁명적이 되었다. 사실에 대한 숭배는 인간으로 하여금 자신의 의지를 사실들의 반전과 전개에 종속시키도록 강요한다. 그래서 사실에 대한 반대가 실제로 확인될 때라 하더라도 반대자는 그 상황이 변할 것이고 사실의 새로운 상태가 나타날 것으로 판단했다. 사람들은 쇠퇴해가는 현재 사실보다는 미래의 사실을 선호한다. 그러나 그것은 진리의 확인이 아니라, 단순히 결과에 대한 진술일 뿐이다.

 사회가 존재한 이래로, 사회생활의 필수적 부분인 혁명적 정신은 항상 시대의 오류에 대한 영적인 진리의 확인이었다. 이 진리는 자동적, 기계적 방식에 의해서가 아니라, 인간의 필사적인 노력과 희생에 의하여 사회 속에서 실현되도록 요구되었는데, 그것은 모든 필연성과 순응주의에 대항하여 내세운 인간의 자유의 힘으로 자신을 초월하려는 희망 때문이다. 바로 그것이 항상 혁명의 본질을 만드는 것이었으며, 우리는 이 용어에 다른 의미를 주는 것을 거부한다. 혁명은 역사의 과정이 아니다. 혁명은 역사를 파생시킬 수 있고, 그것을 후퇴시킬 수 있다. 그러나 혁명은 결코 단순히 역사를 따라가지 않는다. 역사에는 논리적 과정이 있다. 혁명이란 "정상적인" 발전에 의해 위협받는 진리와 자유의 이름으로, 이 논리적 혹은 변증법적 과정에 대항하여 일어나는 것이다. 만약 혁명이 성공했다면, 후대에서 사람들은 "그것은 역사의 진정한 과정이었다"고 말할 것이다. 그러나 그것

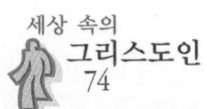

은 역사가의 착각이다. 사회적, 정치적, 역사적 사실들의 결합은 매 순간 무수히 많고, 결코 엄격히 필연적인 해결책을 제공하지 않는다. 더 가치 있는 것은 아니지만, 다른 해결책들만큼이나 가치 있는 어떤 해결책을 우선시하는 것은, 여러 해결책 중에서 우리가 하나를 선택했기 때문이다. 그런데 이 선택은 순응적일 수 있다. 이 경우는 정상적으로 예견되고 일반적인 발전노선의 방향을 따르는 경우이다. 또 이 선택이 혁명적일 수 있는데, 이 경우에는 사회적 힘으로서 등장한 적이 없어 새롭고, 아직 알려지지 않은 새로운 진리의 방향을 따른다.

따라서 지금 정치, 경제적 자유주의 지지자, 자본주의 시스템 지지자, 고전 민주주의 지지자들의 입장은 현재 사실의 지지자들인데, 그들은 현재 사실이 발전한다는 것과 그것이 쇠퇴해간다는 특성을 생각하지 않는다. 역사를 되돌릴 수 없다고 믿는 이들의 입장은 과거에 순응한다. 한편, 기본적으로 극단적 형태인 나치주의와 공산주의와 같은 사회주의 지지자들의 입장은 한 세기 전부터 이루어진 발전을 의지하고, 이 발전 방향으로 계속 추구하고자 하는 견해이다. 그만큼 그들도 순응주의자이지만 미래에 대한 순응주의자들이다. 만약 이 이념이 크게 성공을 거둔다면 그것은 대중이 본질적으로 순응주의자들이기 때문이다.

그러나 혁명적 입장은 다르다. 이 입장은 단지 진리 혹은 자유의 단언 혹은 새로운 사상의 단언이 아닐 수 있기 때문에, 아직도 정의가 필요한 것이다. 혁명적 입장은 전체와 관련되어 있다. 만약 이 혁명이 일어나지 않는다면, 모든 것이 끝장이고 전체 인간문명이 불가능하다는 사실을 알아야만 한다. 우리는 지금 선택 앞에 놓여 있다. 기술적이고 순응적인 대중문명, 헉슬리의 "세상에서 가장 좋은 것"8), 모든 사람의 육신적 행복을 위해 지상에서 조직된 지옥을 선택할 것인가, 아니면 의식적 존재들에 따라 만들어가야 하기 때문에 아직 그것이 무엇인지 말할 수 없는 다른 문명을 선택할 것인가 하는 선택이다. 만약 우리가 선택할 줄 모른다면, 다시 정확히 말해 혁명을 할 줄 모른다면, 또한 우리가 역사가 흘러가는 데로 우리 자신을 맡겨 둔다면, 우리는 알지 못한 채 세상의 중심에 있는 자살의 세력을 위한 선택을 할 수 밖에 없다. 그러나 우리가 가질 수 있는 낙관적 환상은 전혀 없다. 이런 문명 조직의 세력에 직면해서, 우리는 혁명적 의식을 거의 사용할 수 없으며, 또 세상에서 혁명적 의식을 가진 사람들이 누구인지를 찾을 수조차 없다.

2장

세상 속의 그리스도인의 혁명적 상황

세상 속에서 그리스도인의 상황은 혁명적 상황이다. 그가 세상의 보존에 참여하는 것이야말로 세상 가운데서 소진되지 않는 혁명적 힘이다. 진정으로 세상의 보존이 급하다. 왜냐하면, 내가 앞에서 보여

---

8) [역주] 올더스 레너드 헉슬리(Aldous Leonard Huxley)는 영국 출신 작가로서 자신의 외증조부인 매슈 아놀드의 주장, 즉 과학의 발전이 인간의 상상력을 훼손시켜서는 안된다는 경고를 문학적으로 실현시킨 인물이다. 특히 그의 대표작 『멋진 신세계』는 문학과 과학의 화합적 절충과 조화를 주장하는 그의 문학관이 잘 나타난 작품이다. 여기서 자끄 엘륄이 헉슬리를 언급한 것은 과학과 문학을 융합하려는 그의 절충통합주의적 세계관을 부각시키려는 의도로 보인다. 헉슬리가 과학문명에 지배되어 가는 사회에 대한 비판의식이 있었더라도 과학기술과 문학의 공존을 택한 그의 이상주의적 성향이 엘륄에게는 부정적으로 해석되고 있는 듯하다.

주려고 애썼던 것처럼, 오늘날 "역사에 순응"하는 것은 재난과 우리가 경험한 많은 사람들의 죽음, 인간 문명 가능성의 상실, 자살의 기술적 확립으로 인도하기 때문이다. 세상의 보존을 위해 지금 진정한 혁명이 일어나야 할 필요가 있다.

그러나 우리가 그리스도인의 상황이 혁명적이라고 말할 때, 또 우리 문명의 변화의 기원을 발견할 수 있는 곳이 바로 그곳이라고 말할 때, 그것은 역설적이고 반진리적인 것처럼 보인다. 역사 속에서 그리스도인은 항상 혁명적이지 않았고, 현재에도 전혀 그렇지 않다. 왜냐하면, 오늘날 그리스도인들은 모든 사람 중에서 가장 순응주의적이고 온순하다는 것이 매우 분명해 보이기 때문이다. 한편, 신학자들은 모든 권세는 하나님에게서 오기 때문에, 권세에 대해 순종하라고 가르쳐서 당연히 반혁명적인 것처럼 보인다. 그러나 그리스도인들이 그들의 신앙이 내포하는 혁명적 의미를 어떤 시대에서 잃어버렸다는 사실은, 성령이 일하기를 그만두었다는 것을 의미하지 않는다. 또 그것은, 그리스도인이 세상에서 그의 신앙을 고백하는 한, 그리스도인의 상황이 혁명적이길 중단했다는 것을 의미하는 것도 아니다. 왜냐하면, 그리스도인의 상황의 혁명적 성격만큼이나 성령의 개입도 우리와 우리의 선택에 의존되지 않기 때문이다. 사람들이 그리스도인이 되는 것은 자신들이 그리스도를 선택했기 때문이 아니라, 그리스도가 그들을 선택했기 때문이다. 그리스도인들이 세상에서 일하는 것은 그들이 세상으로 가는 것을 선택했기 때문이 아니라, 그리스도가 그들을 거기로 보냈기 때문이다. 그들이 혁명적이 된 것은 그들이 혁명의 절박함을 느꼈기 때문이 아니라, 우리가 나중에 살펴볼 또 다른 독립적 이유 때문이다. 그리스도인의 상황이 혁명적이 되도록 하는 것은 사람의 지적인 혹은 자발적인 태도가 아니다. 그리스도가 자신의 **교회**에서 활동하는 한, 그리스도인의 상황은 필연적으로 혁명적이고 달리 어떻게 될 수도 없다. 이런 상황은 세상에서 교회가 해야 할 사역의 일부분이다. 교회 역사 대부분에 걸쳐서 **교회**는 명백히 혁명적 상황 속에 있었다는 것은 매우 정확한 것이다. 그것은 입증할 수 없으나 단순한 확인은 가능하다.

그러나 다시, 구체화해야 하는 것은 상황이지, 필연적인 행동이 아니다. 요컨대 상황은 바로 일사불란한 행동으로 나타날 수 있는 영속적인 혁명 상태일 수 있고, 또 누룩 상태에 머물러서 천천히 깊이 있게 진행되다가, 파국이나 위기처럼 갑작스럽게 눈에 띄는 파열과 같이, 혁명적이기는 하나 철저한 혁명이 아닐 수도 있다.

또한, 우리가 말하는 혁명은 세상에 대한 혁명이지, 국가 혹은 정부에 대한 혁명이 아니다. 우리는 정부에 대하여 순응적일 수 있으나, 세상에 대해서 혁명적일 수 있다. 혁명의 개념은 여기서 더 심오하다. 말하자면 여기서 문제가 되는 것은 본질적으로 국가의 형태 혹은 경제적 형태를 바꾸려는 것이 아니라, 문명의 구조를 바꾸는 것으로써 구체적으로 끊임없이 검토되어야만 한다. 분명히 이러한 변화는, 결과로서 또 간접적으로, 대단히 깊은 정치적 경제적 변형을 가져올 것이다. 그러나 국가가 기존의 무질서를 옹호하거나 새 질서에 대하여 하나님의 진리를 공개적으로 거부하지 않는 이상, 반드시 국가 권력과 직접적인 투쟁으로 연결되는 것은 아니다.

이처럼 우리는 현 세상에서 기독교 믿음의 혁명적 성격이 무엇인지에 대하여, 기본적일지라도 어느 정도의 통찰력을 가졌다. 이제 우리는 이 상황의 조건과 결과가 어떤 것인지 살펴보는 것이 필요하다.

혁명적 상황의 조건

첫째 조건은 아주 잘 알려진 진리이지만, 그 실체에 대해서 충분히 이해되지 못했다. 즉 **그리스도인은 두 도성에 속해있다**는 사실이다. 그는 세상 속에 있고 사회적 삶을 산다. 그는 한 국가의 시민이고, 한 가정 속에서 위치를 차지한다. 그는 어떤 상황에 부닥치고 돈을 벌려고 일을 해야만 한다. 그는 다른 사람들의 틀 속에서 그들과 함께 자신의 삶을 영위한다. 그는 다른 사람과 같은 본성과 같은 조건을 가진다. 그는 이 세상 속에서 하는 모든 것을 신중하게 해야만 한다. 왜냐하면, 그는 다른 사람들과 연대 되어 있고, 또 다른 사람들처럼 인간이기 때문에 "의무"라고 불리는 것을 무시할 수 없기 때문이다. 하지만, 그는 완전히 이 세상에 속할 수 없다. 이 세상은 그에게는 일시적인 "장막"벧후2:13일 뿐이고, 이 장막 속에서 그는 "외국인이고 나그네"히11:13이다. 세상은 극도로 중요하지만, 그에게는 일시적인 상황이다. 왜냐하면, 그는 다른 도성에 속해있기 때문이다. 그는 자신만의 계보가 있고, 다른 근원에서 자신의 생각을 이끌어 온다. 그는 다른 주인을 섬긴다.

그리고 이것은 가장 철저히 물질적 의미로 받아들여져야만 한다. 이 세상 안에서 그는 다른 세상에 속한다. 다른 국가 안에서 거주하는 국민처럼 말이다. 프랑스 안에서 거주하는 중국인은 자신의 관념과 자신의 전통을 가지고 생각한다. 그는 판단과 행동에 대한 자신의 기준들이 있다. 그는 진정으로 이방인이고 또 다른 **나라**의 시민이다. 그의 충성은 이 **나라**를 향하지 그의 거주국을 향하지 않는다. 그리스도인도 마찬가지이다. 그는 다른 왕국의 시민이다. 그가 자신의 사고방식, 판단방식, 감정방식을 받아들이는 것은 바로 그곳으로부터이다.

그의 마음과 생각은 다른 곳에 있다. 그는 다른 **나라**에 종속되었다. 그는 세상에서 이 **나라**의 대사이다.고후5:20 즉 그는 자기 **주인**의 요구를 제시하고 두 나라 사이의 관계를 세우지만, 이 세상의 이익을 취할 수 없다. 즉 대사가 그의 **나라**의 이익을 옹호하는 것처럼, 그는 자기 **주인**의 이익을 옹호한다. 다른 관계에서 본다면, 그는 스파이로서 보냄을 받은 것일 수 있다. 사실상 주인을 위하여 세상의 중심에서 비밀리에 활동하는 것, 그 안에서 주인의 승리를 준비하는 것, 세상을 탐지하고 하나님나라의 강렬한 임함을 쉽게 하려고 그 비밀을 발견하는 것이 그리스도인의 상황일 수 있다. 그러므로 가나안 족속으로 보냄을 받은 첩자들인 셈이다.수2:1; 히11:31 그가 아무리 세상 속에 있어도, 그의 기반, 즉 그의 이데올로기적 기반, 진리와 충성의 기반은 다른 곳에 있다. 그 모든 것은 주인에게 달렸다. 그는 세상에 충성하지 말아야만 한다. 한편, 우리가 이 세상에 대해 말을 할 때, 그것은 구체적인 실재들로 해석된다. 구체적인 실재는 민족, 국가, 가족, 일 등이다. 그 모든 것에 대해 그리스도인은 조건 없는 충성을 맹세할 수 없다. 그는 먼저 그의 주인에게 충성한다.마10:37

그런데 그리스도인이 속한 두 도성은 결코 공존할 수 없다. 그리스도인은 이쪽도 저쪽도 포기할 수 없다. 그는 죽음에 의하여 그의 본래 도성과 고국으로 돌아가기를 열망할 수 있으나, 그가 이 땅에 있는 한 절대로 이쪽도 저쪽도 포기할 수 없다. 한편, 그는 그가 속한 근본적 이중성에 대해 만족할 수 없다. 달리 말하자면 그의 마음 안에 있는 모순, 우리가 첫 장에서 이야기했던 이 긴장을 우리는 여기서 재발견하게 되지만, 그것은 사회적 정치적 경제적 실재 안으로 옮겨져 표현된다. 이 세상의 물질적 역사 안에 참여한 그리스도인은 다른 질서

의 대리자로서 이 세상 임금과 다른 주인의 대리자로서, 본래 타고난 마음의 요구와 다른 요구의 대리자로서 세상에 참여하고 있다. 그러므로 먼저 그는 이 긴장과 대립을 받아들여만 한다. 그것은 그가 이 두 권세가 축소될 수 없다는 것을 알기 때문에, 또한 이 세상과 하나님나라 사이의 대립이 전적이기 때문에 자신의 내적 긴장의 수용 결과로 생긴다. 그러나 그것은 참기 어렵고, 뼈아프게 고통스러운 상황이지 만족스러운 모습이 전혀 아니다. 그리스도인은 결코 자신을 선한 편으로 여기고, 나머지 다른 이들의 멸망을 기쁘게 볼 수 없다. 만약 그처럼 한다면, 그는 그리스도의 사랑이 부족한 것이고, 그것으로서도 그리스도인이 되기를 중단한 것이다. 세상의 경제적, 사회적 법칙에 의하여, 또는 하나님의 뜻에 따라 다른 사람들과 연결된 그리스도인은 다른 사람들이 폭정, 과도한 노동과 근거 없는 희망에 넘겨져, 변함없는 번민과 무질서 속에서 사는 것을 받아들일 수 없다. 따라서 그는 세상을 낙원으로 만들려는 희망이 아니라, 단지 세상을 살만하게 만들려고 희망하고, 세상에 영향을 미치기 위해 사회적이고 정치적인 문제들에 참여해야만 할 것이다. 이것은 이 세상과 하나님나라 사이의 대립을 약화시키기 위한 것이 아니라, 단지 이 세상의 무질서와 하나님이 세상에 대해 원하는 보존의 질서 사이의 대립을 완화하기 위함이다. 또한, 이것은 하나님나라를 오게 하기 위한 것이 아니라 복음이 전해지고, 모든 사람이 구원과 부활의 복음을 **진실로** 들을 수 있게 하기 위해서이다.

    그리스도인이 세상에서 행동해야 할 세 가지 방향이 있다. 먼저 그는 하나님이 인간에 대해서 그에게 계시하신 것에서 출발하여, 하나님이 그에게 하기를 명령했던 것처럼 살 수 있고 발전할 수 있는 사회적, 정치적 조건들을 찾아야만 한다.

다음으로, 사람은 하나님이 그에게 정해 놓았던 어떤 틀 속에서 발전한다. 이 틀은 보존의 질서이며, 그것 없이 인간에게 진정한 삶의 환경은 없다. 인간은 육체적 혹은 생물학적 영역과 마찬가지로 이 보존의 질서에 있어서도 완전히 자유롭지 못하다. 그가 존재하는 사회를 파멸시키지 않고는 벗어날 수 없는 어떤 한계들이 있다. 따라서 그리스도인은 하나님이 원한 질서가 구체적이고 현실적인 사회기관과 조직들 안에서 구현되기 위해서 일해야만 한다. 마지막으로 이 보존의 질서는 구원의 선포를 향했을 때만이 의미가 있다. 따라서 사회적, 정치적 제도는 '"개방적"'이여야 하며, 그 제도들을 스스로 전부나 절대라고 주장하지 말아야 한다. 즉 그것들은 인간이 하나님의 말씀을 듣는 것을 막지 않도록 하는 방식으로 구성되어야만 한다. 그리고 그것에 대해서 그리스도인은 현명하고 강경하게 감시해야만 한다.

그러나 이렇게 하면서도 그는 두 가지 오류를 범할 가능성이 있다. 하나는 이 질서 안에서 끊임없는 진보를 통해 하나님나라에 도달할 수 있다고 믿는 것이다. 이 태도를 비판하려면 요한계시록이나 마태복음 24장을 참고하는 것으로 충분하다. 또 다른 하나는, 어떤 개혁의 실현을 통해 하나님이 원하는 이 질서에 도달할 것이라는 신념에서 온다. 사실 모든 해결책, 모든 경제적 정치적 실현 등은 일시적이다. 그리스도인은 어떤 순간이나 어떤 정도에도 그것들의 완전성이나 지속성을 믿을 수 없다. 즉 그것들은 늘 연관된 죄와 그것들이 실현되는 환경에 의하여 오염되었다. 이렇게 그리스도인은 끊임없이 하나님의 요구를 갱신해야만 하고 끝없이 무질서를 향해 발전하는 질서 앞에서 이 보존의 질서를 재확립하여야만 한다. 항상 하나님이

세상에 대하여 새롭게 요구하신다는 바로 그 사실 때문에, 그리스도인은 영구한 혁명적 상황 안에 있게 된다. 그리스도인이 요구했던 기관, 법, 개혁이 만들어졌을 때조차, 심지어 사회가 그의 지시에 따라 재구성되었을지라도, 그는 계속 견제세력 안에 있어야만 하고 더 요구해야만 한다. 왜냐하면, 하나님의 요구는 그의 용서만큼이나 무한하기 때문이다. 이처럼 그리스도인은 끊임없이 발전, 발견, 사실, 확고한 결론, 현실 등이라고 부르는 모든 것에 의문을 제기하도록 부름을 받았다. 그는 어떤 순간에도 이 모든 수고에 만족할 수 없다. 결과적으로 그는 수고한 것이 그 무엇에 의하여 승화되고 대체되어야 한다고 요구한다. 그리스도인은 성령에 따라 자신의 판단을 한다. 그래서 그는 본질적으로 혁명적 사역을 한다. 만약 그가 혁명적이지 않는다면, 그것은 여러 가지 면에서 세상에서 자신의 소명을 배반했다는 것이다.

우리는 방금 혁명이 필요한 조건을 만드는 요소 중의 하나를 살펴보았는데, 그것은 세상 속에서 그리스도인의 상황 그 자체이다. 그러나 두 번째 사실이 있는데, 그것은 훨씬 더 중요한 것으로서, 예수 그리스도의 영광스런 다시 오심, 즉 재림의 약속이다. 그리스도인은 본질적으로 기다림 안에서 사는 사람이다. 시간의 끝과 **심판**이 동반되고 **하나님나라**를 알리는 주님의 다시 오심에 대한 기다림이다. 그리스도에 의하여 구원된 것을 아는 사람은, 과거가 아무리 영광스러웠을지라도 샘을 내면서 소심하게 과거에 집착하지 않는다. 그는 자기 교회의 과거, 즉 전통에도, 또 그의 신앙의 확실성을 담지 하고 근거로 삼는 예수 그리스도의 과거 삶에도 집착하지 않는다. 반대로 그는 미래의 사람이다. 시간적, 논리적 미래가 아니라 현재 세상에서부터 단절되는 "종말적" 미래이다. 따라서 그는 이 순간을 향하여 앞으로 진군하도록 완전히 내던져졌다. 그에게 있어서 모든 사실은 다가올 하나님나라로부터, 주님의 승리와 심판으로부터 그 가치를 지닌다. 그것은 모든 신학적 사실들에 대해서도 진실로 해당한다. 즉 그것은 모든 **구약** 성서가 그리스도의 인격으로부터 만이 **하나님의 사역**으로서 완전한 의미가 있을 수 있는 것과 마찬가지이다. 또 그리스도의 삶에 대해서도 마찬가지인데, 그의 모든 설교는 십자가 때문에 그 의미가 있고, 십자가는 부활에 의하여서만 가치를 지니며, 부활은 승천 혹은 그리스도가 주님이라는 선포에 의해서만이 조명된다. 그러나 신학적 토론으로 들어가지 말자.

그렇지만, 이 신학적 진리는 사회적, 정치적 사실들에 적용된다. 현대 세계의 현재 사건들은 다가오는 하나님나라라는 시간 안에서만이 그 가치를 지닌다. 각 사건에 진정한 진실성을 주는 것은 그리스도의 재림의 임박함이다. 또 사건이 진정한 내용을 갖게 되는 것은 바로 그 때문이다. 이 방향성이 없다면, 역사란 하나의 미친 폭발일 뿐이다. 그런데 그 점에 관해서 그리스도인의 역할은 이 지식에 만족하는 것이 아니라, 자신의 행동과 사고로써 다가올 사건을 현 세상 안에 존재하도록 해야 한다. 그는 현 생활 안으로 "종말"의 요소들을 운반하는 운반자이다. 그렇게 하면서 그는 예언자 기능을 수행한다. 역사가들이 주목한 바처럼, 이스라엘의 예언가들은 언제나 정치적 역할을 지녔는데, 그것은 그들의 문명에 비추어 볼 때 진정으로 혁명적이었다. 성령을 받은 각 그리스도인은 지금 그리스도의 재림의 예언가이다. 그리고 바로 그것에 의하여 그는 정치 영역에서 혁명적 사명이 있다. 왜냐하면, 예언자는 다소 먼 사건을 다소 정확하게 알리는 것에

머무는 사람이 아니라, 이미 그것을 경험하고, 이미 그것을 자기 주위를 둘러싼 세계에 실재하게 하고, 존재하도록 하는 사람이기 때문이다.

그런데 이것이야말로 바로 혁명적 태도이다. 즉 혁명적이란 현존하는 것과 현재 사실들에 대해, 아직 존재하지 않으나 다가올 진리의 이름으로 심판하는 것이다. 또 이것은 우리를 둘러싼 현실보다 더 진실하고 더 실제적인 이 진리를 수호하면서, 그것을 실천하는 것이다. 결과적으로 혁명은 현재 안에 폭발적 힘으로서 미래를 개입시키는 것이다. 즉 그것은 현재 사건들보다 더 중요하고 더 참된 미래 사건들을 믿는 것이다. 또한, 혁명은 미래 덕택에 현재를 이해하고 포착하는 데 이르는 것이며, 역사가가 과거를 지배하는 것과 같은 방식으로 미래에 의하여 현재를 지배하는데 이르게 하는 것이다. 그때부터 혁명적 행동은 역사에 참여하게 될 것이다. 다시 말해 이 행동은 역사를 미래를 향하게 방향을 바꿈으로써 역사를 창조할 것이다. 이 혁명의 개념은 역사의 흐름 속에서 일어나서 성공했거나, 실패했던 모든 혁명에 유효하게 적용된다. 이것은 공산주의 운동에도 아직도 적용된다. 그러나 공산주의 운동은, 우리가 이미 보았듯이, 역사의 가장 큰 흐름에 따른 발전을 위하여 자신의 혁명적 능력을 꺾어버렸다. 사실 **가장 실현 가능성이 있으며**, 현 상황의 논리적 귀결로 발생할 미래 사실을 위하여 행동하는 것은 더는 혁명적 실천을 하는 것이 아니다.

이와 반대로, 비록 그리스도인이 거대한 정치적 미사여구나 혁명적 능력의 과시를 하지 못할지라도 실제로 그리스도의 능력을 힘입어 산다고 한다면, 또 **하나님나라**의 도래를 소망을 통해 현실화시킨다면, 그는 있을 수 있는 가장 혁명적 태도를 보이는 것이다. 그는 초

역사적 사실에 의하여 현재를 심판한다. 현재 안으로 재림 사건을 개입시키는 것은 숨이 막히는 사회적, 정치적 구조들을 전복시킬 수 있는 유일 방식이며, 이 구조하에서 우리 문명은 조금씩 시들어 가고 사라진다. 그런데 이 방식은 우리에게 남긴 하나의 능력으로서, 또 이렇게 혹은 다르게 존재할 가능성으로 표현된 것이 전혀 아니다. 그것은 가능한 유일한 신앙적 태도이다. 사실 이 태도를 포기하는 것은 우리가 구원받았다고 믿는 것을 중단하는 것이다. 왜냐하면, 우리는 믿음이란 수단에 의하여 소망 안에서 구원을 받았기 때문이고, 롬8:24 소망은 구체적으로 현실에서 바로 종말론의 힘이기 때문이다.

이처럼 우리는 그리스도인의 삶이 필연적으로 혁명적이 되게 하는 두 가지 신학적 뿌리를 붙잡고 있다. 이 뿌리는 개개인의 의지에 의하여 창조된 것이 아니라 하나님이 자신의 자녀들에게 만드신 상황에 따라 만들어진 것이다. 따라서 우리가 이 비전에 따라서 살지 않는다면 우리는 그리스도인의 삶이 무엇인지를 완전히 알지 못하고 있다는 사실을 우리는 이해해야만 한다. 이제 이 사실에 근거하여 결론들을 이끌어내 보자.

혁명적 상황의 결과들

혁명적 상황의 첫째 결론은 틀림없이 매우 추상적이고 어렵게 보일 것이다. 그것은 그리스도인이 원리에 따라서가 아니라, 지금 여기서 체험된 종말의 실재에 따라서 판단하고 행동하고 살 수 있어야 한다는 것이다. 이것은 정확히 도덕주의와 정반대이다.

우리는 기독교적 원리와 같은 것은 없다는 것을 확실히 알아야만 한다. 모든 만물의 원리인 '그리스도'라는 인물이 있을 따름이다. 우

리가 그리스도에게 충실하길 원한다면, 흔히 사람들이 했던 것처럼, 기독교를 논리적으로 따져서 추론할 수 있는 몇 가지 원리로 축소하는 것은 생각할 수 없을 것이다. 살아있는 하나님의 사역을 철학적 교리로 변형하는 이 행위는 끊임없는 유혹이며 신학자들과 신자들의 가장 큰 배신 행위이다. 그들은 그들 안에서 열매를 맺게 하는 성령의 역사를 하나의 도덕, 하나의 새로운 법칙, 적용해야 할 원리들로 변형시킨다. 그리스도인의 삶은 원인으로부터 유래하는 것이 아니라 목적을 향해 가는 것이다. 바로 이것이 인류의 시각을 완전히 바꾸어 놓고, 그리스도인의 삶을 다른 사람들의 삶과 비교할 수 없게 하는 것이다.

개인적 영역에서 진리인 것은 사회적 영역에서도 마찬가지로 진리이다. 따라서 절대적인 방식으로 결정할 수 있는 그리스도인의 정치적, 사회적 원리는 존재하지 않는다. 하나님이 우리에게 성서를 통하여 이 영역에 관해 계시한 것은 교리도 원리도 아니다. 그것은 완전히 하나님 사역의 성취를 향하여 나아가는 판단과 행동이다. 우리는 결코 논리적, 인과응보적 과정을 보지 않는다. 더구나 우리는 고정적이고, 어느 정도 영속적인 교훈을 보지 않는다. 반면에 하나님의 행동은 항상 운동하는 힘으로 드러나며, 마치 급류와 같이 역사를 가로지르고 또다시 관통하고, **그 주변을 변화시키고** 물결 쳐 흘러서 모든 창조물을 휘저어 섞어버린다. 성서는 우리에게 정치적이고 일반적인 역사 안에서 활동하시는 하나님을 보여준다. 이 하나님은 인간의 일들을 활용하시고, 또 그가 약속한 **하나님나라**를 향해 자신의 사역 안으로 인간의 일들을 포함하신다. 성서가 하나님의 사역에 관하여 계시하는 것으로부터, 우리는 유사한 요소들을 이끌어 낼 수 있으며, 우리의 행동에 방향성을 부여할 수 있는 행동지침을 파악할 수 있다. 그런데 우리는 하나님의 사역 형태 속에서 동시대와 들어맞고 변화하는 어떤 질서를 어렴풋이 예감할 수 있을 뿐이지, 정치적 체계 혹은 원리를 볼 수 있는 것이 아니다. 불완전하고 인간적인 지혜로 세상 속에서 역사 하는 하나님의 사역을 모방할 때, 하나님의 사역과 정반대인 어떤 교조주의는 생각조차 할 수 없는 일이다. 그리스도인의 혁명적 기능으로 말미암은 첫 번째 결과는, 그리스도인은 인간의 모든 행위에 개방적 태도를 취해야 한다는 것이다. 또 그것을 효과적인 방향으로 수용해야만 한다는 것이다. 우리는 자칭 기독교적 원리 때문에 정치적 혹은 사회적 참여에서 결코 멀어질 수 없다. 우리가 앞에서 정했던 올바른 방향으로 한 걸음 더 나아간 것처럼 보이는 모든 조치일수록 검토되어야만 하고, 명확히 근본적 차원에서 문제제기 되어야만 한다.

한편, 그리스도인이 과거 혹은 원리에 묶여 있을 수 없다는 사실은 명백하다. 정치세계에서 그는 전도서(3장)의 법칙을 적용해야만 한다. 즉 "모든 것에는 시간이 있다…. 하나님은 그의 시간에 따라 각종 선한 것을 만드셨다". 따라서 어느 때나 유효하게 적용되는 기독교적 태도란 존재하지 않는다. 시간에 따라 언뜻 보아 모순된 태도들이, 역사 속에서 하나님의 청사진을 충실하게 드러낸다면, 그것들은 마찬가지로 선할 수 있다. 그러므로 어떤 사상, 교리, 정치적 실현에 충성하는 것은 필수적인 것은 아니다. 사람들이 세상의 언어 속에서 충성이라고 부르는 것은 대개 습관 혹은 고집일 뿐이다. 그리스도인은, 시대에 따라서 또 어느 편의 입장이 **현시대**에서 하나님의 뜻과 더 일치한 것처럼 보이는가에 따라서, 우파 혹은 좌파가 될 수 있으며, 자유

주의자 혹은 사회주의자가 될 수 있다. 이 태도는 인간적 관점에서 모순적이지만, 그것은 정확하다. 이 입장은 다가오는 하나님나라를 추구하는 점에서 일치한다. 그리스도인이 현재 상황을 판단하도록 부름을 받은 것은, 하나님나라와의 관련 속에서이다. 따라서 그리스도인이 처한 상황들은 특별한 도덕적 혹은 정치적 내용, 즉 인간적인 교리와의 관계에 따라 판단될 수 없으며, 더욱더 과거로의 집착에 근거하여 판단될 수 없다. 단지 항상 존재하는 그리스도 재림과의 관계에 따라서 판단될 수 있다. 그것은 어려운 태도이며, 많은 함정과 위험이 있다. 아무도 우리에게 이 태도가 쉽다거나 안전하다고 절대로 말해 주지는 않지만, 이것은 그리스도인의 삶에 들어맞아 보이는 유일한 태도이다.

예수회나 콘스탄틴 대제의 예에서 보는 바와 같이, 거의 모든 기독교적인 정치적 입장이 거짓되거나 재난을 불러왔다는 사실은 다음 두 가지 사항과 연관되어 있다. 첫째, 사람들이 도덕적 교리에 의한 판단을 위하여 하나님나라에 의한 판단을 일부러 멀리하였다는 것이고, 둘째 항상 사람들은 "복음으로부터 이끌어낸 정치체계"를 만들려고 애를 썼다는 것이다!

그러나 사람들은 "우리가 이 **하나님나라**에 대하여 무엇을 알고 있는가?"라고 물을 것이다. 그렇다 하더라도, 지상에서 재현하려는 **하나님나라**의 윤리의 모형을 만들려고 애쓰면서, 하나님나라의 윤리주의를 만드는 것에 신중해야만 한다!

우리가 이미 아는 참된 핵심은 바로 예수 그리스도의 **주권**主權이다. 모든 기독교 현실주의가 기초해야만 하는 것은 바로 그리스도의 주권이다. 소망이 기독교 혁명적 상황의 주관적 요소라면, 이 주권은 객관적 요소이다. 우리는 오직 그리스도의 주권에 의해서만 다른 정치적 입장과, 정치, 경제에 대한 구체적인 문제들에 대해 계속해서 판단할 수 있다.

어떤 일도 그 자체로 선하거나 악한 것이 없다. 심지어 인간이, 대단히 널리 알려진 잘못된 방식에 따라 만든 관습도 선하거나 악한 것이 없다. 오직 어떤 일이 존재하는 시기에, **하나님나라**의 시각 속에서 자신의 상황에 따라서, 또 **하나님나라**의 도래를 위한 하나님의 사역과의 일치 여부에 따라서, 그리고 마지막으로 하나님의 영광을 위하여 사용 가능한가 불가능한가에 따라서 어떤 일도 선하거나 악할 수 있다. 이것들은, 사람이 윤리적 공식 혹은 정치적 이론에 의한 강박관념에서 벗어날 때 주어지는 가장 정확하고 구체적인 세 가지 기준들이다. 그리스도인의 활동이 '종말'을 현재화하면서 혁명적이 되는 것은, 사회적 사실들에 이 세 가지 기준들을 일상적으로 적용하면서이다.

그러나 우리는 이 태도가 일반적인 이상주의와 현실주의를 훨씬 뛰어넘는다는 것을 쉽게 안다. 그리스도인의 삶 속에서 하나님나라가 늘 존재한다는 것은 일종의 요구 사항인데, 이러한 요구는 그리스도인이 계속해서 더 멀리 나아가서, 상황을 깊게 파악하고, 더 완전한 주장을 하도록 강하게 밀어붙인다. 왜냐하면, 어떤 혁명도 완전히 만족할 수 없기 때문이다. 마찬가지로 아무리 하찮은 실현일지라도, 모든 실현은 보존될 가치가 있다. 따라서 모든 사실을 고려해야만 하고, 동시에 진실로 그것들을 뛰어넘어야 하는 것이 문제이지만, 어떤 지적 교만 혹은 추상적인 교조주의에 따라 하지 말아야만 한다. 이 현실주의의 원동력은 바로 그리스도인이, 다른 현실주의들처럼, 효율성

혹은 성공을 판단기준으로 삼는 것이 아니라, 그리스도의 주권을 기준으로 삼는다는 사실이다. 또한, 그리스도인은 모든 것을 판단하도록 부름을 받았다.살전5:21 이것은 바울이 절대적인 방식으로 삶의 모든 영역에 관하여 준 명령이지, "도덕적 가치"나 영적인 삶에 대해서만 준 명령이 아니다. 또한, 이 명령은 "성령을 소멸하지 말라", "예언을 멸시치 말라"는 예언과 관련된 권고와 예수 그리스도의 강림을 위한 보존이라는 유일한 기독교적 삶의 목적 사이에 놓인 말씀 속에 존재한다. 따라서 이와 같은 바울 사상의 흐름은 아주 정확하게 그리스도인의 혁명적 입장에 대해 우리가 여기서 썼던 모든 내용의 핵심이다.

인간적인 법칙 혹은 관습에 의하여 연루될 수 없으며, 항상 새롭게 갱신되어야만 하는 이 판단이야말로, 그리스도인의 현실적 위치를 결정하는 핵심 자체이다. 나는 이에 대해 제기 가능한 비판들을 잘 알고 있다. 즉 얼마나 그것이 통일성, 연속성, 충성 등의 부족으로 보이는지를 알고 있다. 그러나 나는 그 모든 것이, 이 태도이어야만 한다는 이방인들의 생각에 동화된 그리스도인의 거짓된 태도로부터 온다고 생각한다. 반反그리스도인들이 그리스도인의 태도를 비판하기 위해 잘 알지도 못하는 성경구절들을 사용하는 것보다 더 화가 나는 것은 없다. 그리스도인에 대한 그들의 비판의 가치는 그들의 성서에 따른 지식으로부터 오는 것이 아니라, 그들의 삶의 행실에서 오는 것이다. 특별한 어떤 점에서 비그리스도인들이 본보기가 되는 것은, 그리스도인보다도 다르게 더 잘 살기 때문이다.눅16:8 그러나 그리스도인들은 비그리스도인들이 그들에게 준다고 주장할 수 있는 지적 혹은 도덕적 교훈과 가르침을 따르지 말아야 한다. 그런데 지난 2세기 전부터 우리가 확인할 수 있는 것은 기독교적 사상과 윤리가 세상에 동조했다는 것이다. 그것은 그리스도인들의 용기와 충성의 부족 때문에, 그리스도인 자신들이 만든 기독교를 세속화시킨 것이다. 특히 이 점에서, 기독교 현실주의에 대한 비판들은 이런 태도를 보이고 있다.

혁명적 상황에 대한 자각과 삶의 방식 추구

그러나 이 현실주의는 일상적 사실에만 제한되는 것이 아니다. 우리가 살펴보았듯이, 중대한 의문이 우리 문명의 심층 구조라는 현상에 대하여 제기된다. 왜냐하면, 이 심층구조는 한편 우리가 사는 환경에 재난을 가져오기도 하고, 또 다른 한편, 모든 혁명을 막고 있기 때문이다. 우리가 말했듯이, 그리스도인의 상황은 본질적으로 혁명적이며, 그 혁명성은 일상적인 사실 속에서 나타나야 한다. 그러나 교회의 성도들은 더는 이 상황을 전혀 의식하지 않으며, 세상에서 이루어야 할 자신의 사명을 행하는 것에 거의 관심이 없다는 것이 사실이다. 그것에는 여러 가지 이유가 있으나, 우리는 여기서 검토하지 않을 것이다. 다만, 교회가 형편없는 사신使臣처럼 보인다는 점과, 교회가 이 혁명적인 활동, 즉 교회가 역할을 하도록 부름 받은 사회 속에서 효소와 누룩의 임무를 수행할 줄 몰랐다는 점이 사실이란 것을 언급하고 싶을 뿐이다. 교회는 가장 비천한 정치학이나 가장 고상한 영성을 탐닉하였다. 그러나 원하든지 원하지 않든지 간에, 예수 그리스도를 고백한 사람은 언젠가 이 책임에 직면하게 된다. 그는 혁명적 상황처럼 자신의 근본적 상황에 대해 증언할 것을 결정할 수밖에 없다. 이 결정이 의식적이든지 무의식적이든 간에, 또 그 결정이 설사 사회적 동기가 아니라 개인적 동기를 위하여 행동하는 한 개인의 결정이라고 하더라도, 인간의 결정이라는 그 사실만으로도, 그것은 우리 시대에서

가히 혁명적이다. 그것은 오늘날 흔하지 않다.

내가 이 문제를 연구하지만, 그것은 어떤 새로운 내용을 제공한다고 주장하는 것이 아니다. 나는 항상 세상에서 그리스도인의 상황이었던 것을 단순히 이 책에 옮길 뿐이라고 생각한다. 만약 내가 이 상황을 의식하게 되었다고 할지라도, 그것은 "진보"가 아니다. 내 생각으로 그것은 정반대이다. 사실 혁명의 현재 문제는 인간을 위한 삶 혹은 죽음의 문제이며, 그것은 우리가 이전에 결코 알지 못했던 말 속에 놓여 있다. 그런데 "초자연적"인 능력으로 움직이지 않는다면, 오늘날 누구도 진실로 혁명적이라고 주장할 수 없다. 세상에서 나타나는 모든 것은 집요하게 우리를 자살로 끌고 가는 힘을 철저하게 보존한다. 또한, 동시에 그리스도인들은 더는, 교회가 살아있던 시대에 자신들을 심층 혁명의 전달자로 만들었던 무의식적 충동에 따라 행동하지 않는다. 오늘날 이 힘은 그들의 심령 깊은 곳에서 죽어 있는 것처럼 보인다. 그들의 신앙과 관계없이, 그들은 자주 사회적 존재로 활동한다. 그들은 더 기독교적 자유를 알지 못하는 것처럼 보인다. 이제 그들은 무의식적으로 이와 같은 혁명가들이 아니므로, 그들은 다음과 같은 것을 자각해야만 한다. 즉 그들은 그들의 특별한 사명을 자각해야만 하고, 동시에 그들의 혁명적인 "존재 의무"를 자각해야만 한다. 만약 그들이 다시는 이렇게 하지 못한다면, 그들은 아마도 더는 필요한 성령의 힘을 받을 수 없을 것이다. 그래서 이 힘을 그들에게 주시도록 하나님께 간절히 구해야 하며, 혁명적 행동을 가능하게 하려고 성령의 힘을 덧입는 것을 기도제목으로 삼아야만 한다. 이 혁명적 행동은 하나님이 그들에게 주는 것이며, 또 오늘날 그들에게 있어서 본질적인 것이다.

그러나 일상적 현실 속에서 나타난 이 혁명적 힘은 오늘날의 근본적 질문까지도 공략해야만 한다. 이 힘은 통상적으로 "구조"라고 불리는 것, 즉 경제적 **형태**들과 아무런 관계가 없는 심층구조의 변화를 공략해야만 하고, 정치적 정당들로부터 인정된 혁명가들보다 훨씬 더 멀리 가야만 한다. 그런데 이 혁명가들은 단지, 매우 잘 알려졌으며 이제는 시대에 뒤떨어진 세상을 확고하게 세우려고 애를 쓰고 있을 뿐이다. 그러면 어떻게 혁명적 힘이 그것을 할 수 있겠는가? 그것은 먼저는 **지식**, 그리고 우리가 살지만 알지 못하는 세상에 대한 자각을 통한 기나긴 작업이다. 왜냐하면, 우리는 세상을 단순히 통계나 설문조사에 의하여 안다고 말할 수 없기 때문이다!

이어서 그리스도인의 혁명성에 관한 둘째 결론은 **삶의 방식**에 대한 것이다. 그리스도인은 다른 사람들과 다르지 않지만, 구조들9)의 속박에서 벗어나게 하는 삶의 방식을 찾아야만 한다. 왜냐하면, 우리가 삶의 방식을 찾는 결과에 다다를 수 있도록, 직접적으로 이 구조들을 공격하거나, 화려한 변화를 하려고 노력하거나, 완전히 세계를 재구성하길 원해서는 소용이 없다. 구조들에 대한 유일하고 효과적인 공격은, 전체주의 사회를 단순히 거부하지 않고, 이 사회를 세밀히 검토하면서, 그 구조들을 피하는 것이고, 이 전체주의적 사회의 변방에 사는 것이다.

마지막으로, 이런 종류의 삶의 방식을 갖는 공동체 안에서 **새로운 문명의 씨앗들**이 활짝 필 수 있을 것이다. 현재 우리는 아직 이 가능성에 몰두하거나, 솔깃한 전망에 의하여 마음이 들뜨지 말아야 한다. 먼저 해야 할 첫 걸음은, 우리의 세상에 대하여 자각하는 것, 다시 말해

---

9) [역주] 현대문명 구조.

혁명적 상황에 놓인 것에 대해 자각하는 것이다. 이 첫 걸음이 만들어지지 않는 이상, 나머지 모든 것은 유토피아이며, 또 그리스도인이 사회적 혹은 정치적 현안들에 대해 몰두하는 것은 완전히 불필요한 것이다. 비록 자각하는 일이 지적이고 영적인 작용으로 보일지라도(실제로 그렇다!), 그것은 현 세대의 길과 단절하려는 결단이기 때문에 행하기에 매우 어려운 결단이다. 그래서 문제는 그리스도인이 그들의 소임[10]을 수행하면서 모든 위험을 무릅쓰려는 담대함을 가졌는지를 아는 것이다.

---

10) J. Ellul, 『자유의 윤리 1,2,3권 *Ethique de la liberté*(tomes 1, 2 et 3』(대장간 역간)을 보라.

셋 목적과 수단들

1. 오늘날 우리 문명의 모든 것이 수단이 되었다. 더는 목적이 없다. 우리는 더 우리가 어디를 향해 걸어가고 있는지 알지 못한다.
2. 수단은 자기 스스로 자신을 정당화한다. "목적이 수단을 정당화한다"는 원리의 시대는 지나갔다.
3. 우리 문명은 완전히 수단의 문명이며, 수단이 삶의 전 영역에 영향을 미친다. 수단은 어느 것도 고려하지 않는다.

목적과 수단들

　우리는 항상 목적과 수단들이란 문제를 다음의 경우들을 생각할 때 제기하게 된다. 즉 우리가 세상에서 신앙 활동을 어떤 형태로 표출하든지, 예를 들어 복음전도든지 혹은 정치 운동이든지 간에, 이런 활동이 가능할까를 생각할 경우며, 또 오늘의 삶의 방식이 가장 분명한 혁명적 활동 중의 하나라고 생각할 경우이고, 마지막으로 우리가 그리스도인의 믿음의 표현 방식들을 찾으려고 할 경우이다. 또 만약 우리가 우리의 시대를 성찰해 본다면, 우리는 우리 시대 사람들을 사로잡는 하나의 공식이, 직접적이든지 간접적이든지, 목적과 수단들이란 문제에 있다는 것을 재빨리 알아차리게 된다. 지식인들은, 헉슬리처럼, 이 공식의 핵심과 그 반향反響과 관련된 제반 문제를 연구한다. 비지식인들은 목적과 수단들에 관하여 암묵적 결정을 가정한 실용적 태도에 복종한다. 실제로 이 문제는 우리 문명에 절대적으로 핵심적인 사항이다. 그리고 우리 문명에 주어진 해결방법은 우리 문명의 쇠퇴에 결정적인 요소가 될 수 있는 위험이 있다.

따라서 "목적과 수단들"이란 제목으로, 우리는 앞에서 연구한 결과영역을 다루는 동시에 오늘날에 중요한 세상의 행동영역을 다룰 것이다.

1장

목적과 수단들의 문제

특히 중요한 것은, 목적과 수단들이란 문제는 오래된 문제이지만, 이제는 옛날과 같은 용어로 표현될 수 없다는 확인된 사실이다. 오늘날 이 문제를 도덕적이든지 형이상학적이든지 철학적 시각 속에서 연구하고, 문제를 제기하고 영구적인 용어로 해결하길 원하는 것은, 그것이 명백히 이론적 깊이가 있을지라도, 이 문제를 전혀 이해하지 못했다고 비판할 수밖에 없다. 실제로 오늘날 이 문제는 근본적으로 변형되었다. 예를 들어, 이 문제는 더는 목적이 수단들을 정당화한다거나, 정당한 목적에 정당한 수단처럼, 목적과 수단들이란 두 개념 사이의 관계에 대한 논의가 아니다. 왜냐하면, 이 관계는 더는 철학적 용어로 표현되지 않고, 매우 구속력 있는 특수한 사실들, 즉 기술적 사실들의 용어로 표현되기 때문이다. 따라서 이 문제는, 우리의 문명을 이해하기 위하여 정확하게 이 문제를 제기해야만 했다는 점에서, 분명히 우리 시대를 이해하는 열쇠 중의 하나이다. 그러나 이 문제를 정확하게 제기하려면, 사건의 근본성격을 변화시켰던 실제 사실의 시각에서 그것을 관찰해야만 한다. 즉 이 시각은 기술적 시각이다.

다른 한편, 이 문제에 추상적 해답을 주는 것으로만 충분하지 않다. 그런데 우리는 단지 "존재의무"로 삶 속에 적용할 수 없는 추상적 답만을 줄 수 있을 뿐이다. 실제로 우리 문명에 의하여 제기된 대부분 문제처럼, 이 문제도 지적 혹은 기술적 대답을 전제하지 않는다. 이 문제는 그것이 관계하는 사람들의 참여를 전제한다. 또 이것은 문제를 제기한 사람의 삶의 결단을 가정한다. 다시는 다른 문명에서처럼 "추상적 질문에 추상적으로 답변하는" 놀이가 아니라, "삶의 자세에 대한 구체적인 질문"이다. 우리의 정치, 경제적 정책 입안자들의 실수는 구체적 질문에 대해 추상적 답변을 하면서 넘어가는 것이다! 그러면, 현재, 어떻게 이 목적과 수단들의 문제가 제기되고, 그 관점들은 무엇인가?

문제의 첫째 특징 : 모든 것이 수단이 되었다

우리 문명에서 일어나는 첫 번째 놀라운 현상은, 오늘날 모든 것이 수단이 되었다는 것이다. 더는 목적이 없다. 우리는 우리가 어디를 향해 걸어가고 있는지 더는 알지 못한다. 우리는 우리의 집단적 목표들을 잊었다. 우리는 놀라운 수단만 갖추고 아무 곳도 아닌 곳에 도달하려고 거대한 기계를 작동하고 있다. 개인들은 경쟁에서 이긴다거나 월급을 더 받는다거나 하는 개인적 목적들이 있으나, 우리 문명의 집단적 목적은 문명적인 것으로 이해되는데, 이 집단목적은 수단들에 의해 잊혔다. 원래 인간은, 수단이란 모든 인본주의 체계의 목적이었으며, 아직도 정치적 연설 속에서 "목적"으로 선언되지만, 실제로 이 인간은 완벽히 인간을 섬겨야만 했던 수단들, 예를 들어 경제 혹은 국가 같은 수단 자체의 수단이 되어 버렸다. 경제가 잘 돌아가려면, 인간은 경제적 체제의 요구에 복종해야만 하고, 전적인 생산자의 입장에 놓여서 자신의 모든 능력을 생산물을 처분하는데 소모해야만 한다. 그리고 그는 순종적인 소비자가 되어, 눈을 가린 채, 경제가 그 입속에 집어넣은 모든 것을 삼켜야만 한다. 이처럼 인간은 인류의 행복을 만든다는 거리낌 없는 양심에 속아서 수단이라고 하는 현대 우상의 도구로 변형되었다.

모든 분야 속에서 그 전개과정은 같았다. 예를 들어, 개인의 행복을 만들어야만 한다. 그런데 이 행복을 만들려면 그에게 소비해야 할 많은 재화財貨를 공급해야만 한다. 그리고 그것을 위해서 상당한 생산을 조직해야만 하고, 소비는 생산에 맞추어야만 한다. 그러나 그것은 매우 복잡하다. 왜냐하면, 거기에는 인간적 장애물과 기술적 장애물이 있다. 그런데 후자는 연구에 의하여 점차 극복되었으나, 전자가 극복되려면, 기계, 노동의 분업, 선전, 한없는 사용, 등등에 인간이 종속되어야만 한다. 따라서 살아있고 구체적인 인간, 즉 거리의 실제 사람들은 추상적 인간의 행복을 보장하는 수단에 종속되었다.11) 철학자들과 정치가들의 인간은 존재하지 않지만, 이 추상적 인간은 살과 피를 가진 모든 인격체를 비참하게 만드는 엄청난 작업의 유일한 목적이며, 실제적 인격체를 수단으로 변형시켜 버린다.

또 이 과정은 어디에서나 찾아볼 수 있다. 과학과 기술은 우리에게 다른 예를 제공한다. 처음에 인간은 진리를 아는 것이 중요했었다. 그

---

11) [역주] 엘륄은 "구체적", "추상적"이란 형용사를 대립하여 사용하고 있다. "추상적"이란 용어는 실체가 없고 구체성이 없는 인위적이고 가상적인 표상체로 파악한다. 이 추상성이 구체적 실체를 억압하고 변질시키고 희생시키는 것으로 보았다. 여기서는 "추상적 인간", "추상적 과학"이란 용어들이 등장하는데 모두 진리를 왜곡하는 허상적 신화들이다

래서 철학자 이후에, 학자들이 등장했다. 그들은 그들의 이론을 정립하였고, 단지 부차적으로 이 이론을 적용하였는데, 그것은 특히 이론의 진리를 증명하기 위해서였고, 또 그 유용성을 위해서였다. 그런데 이론을 적용하는 순간에서부터 과학은 실종되었다! 점차 기술적 수단들이 진리 탐구보다 중요해졌다. 과학은 기술적 수단을 통해 점점 효율적으로 되는 것만이 중요해졌다. 현재 과학은 기술에 의하여 의미를 가지게 되었고, 전적으로 응용을 지향하게 되었다. 과학은 수단을 위해 봉사하고 있다. 과학은 더 완전한 수단을 만들기 위한 수단이 되었고, 늘 존경을 이끌어내던 추상적 과학이 진리탐구를 대치했다.

따라서 우리는 이 세상 전체가 수단에 넘겨졌다는 것을 어렵지 않게 알 수 있다. 한 세기 전에 목적이었던 것이 지금은 수단이 되었는데, 심지어는 수단들의 수단이 되었다! 그러나 현 상황의 비참함을 받아들이기가 어려워서, 사람들은 진실한 목적의 이미지 혹은 상像만을 가지고 있을 뿐이다. 사람들은 추구한 목적들을 이상, 공상, 유토피아 영역으로 밀어 넣는다. 공산주의는 우리에게 정치 분야에서 아주 좋은 예가 되었다. 공산주의는 있을 수 있는 가장 특출한 정치적 수단 이론을 조직했다. 그것은 다른 모든 것보다 더 완벽했다. 그러나 어떤 목적을 위해서인가? 사람들은 틀림없이 공산주의 사회라고 대답할 것이다. 그러나 레닌은 "어떤 사회주의자도 공산주의보다 더 높은 단계의 도래가 가능하다는 것을 생각할 수 없다"고 하였다. 또한, 그는 "누구도 공산주의 사회를 약속하지 않았고, 심지어 도입하려고 시도하지도 않았다. 왜냐하면, 일반적으로 공산주의 사회를 도입한다는 것은 불가능하기 때문이다"라고 덧붙였다. 레닌, 『국가와 혁명』, 5장 4절 따라서 공산주의라는 경탄스러운 정치기구는 망상적이고 가설적인 목적을 달성하기 위한 수단으로 영속적으로 존재한다. 왜냐하면, 프롤레타리아 독재라는 것도 또한 수단이기 때문이다. 그리고 다가오는 인류의 행복을 만들고자 공산주의는 현재의 인민을 희생시킨다.

이처럼 수단들이 급속히 만연하면 모든 것은 유용한가 아닌가로 귀결된다. 현 세상에서는 무엇이든지 유용해야만 한다. 즉 수단이 되어야 한다. 예술 그리고 "무용하고" "무료"였던 모든 것은 "유용성"의 필요에 복종해야만 한다. 어떤 것에도 도움이 되지 않은 것은 제거되거나 거부된다. 인간에 관해서도 이것은 정확하게 같은 견해가 적용된다. 노인과 불치병 환자들에 대하여 사회주의 국가에서 행해지는 안락사가 실행되는 것도 이런 견해로 설명된다. 공동체에 하등에 도움이 안 되는 사람은 죽어야만 한다. 안락사의 실행이 우리에게 야만적으로 보이지만, 그것은 단순히 수단의 보편적인 지배를 적용한 것일 뿐이다. 수단의 지배란 사실이 확산되는 한, 사람들은 모든 문명에서 안락사를 도입하는 것을 기다려야 한다. 또한, 사람들은 안락사 실행을 인류의 가장 큰 행복과 이익을 위한 것으로 정당화할 것이다.

게다가 수단이 확대될수록, 또 목적이 관념적이라고 해서 거부될수록, 목적은 희미하게 되어, 절대 문제시되지 않는다. 오늘날 모든 사람은 문명에 의하여 추구된 목적을 '대강' 알고 있지만, 그것에 문제제기를 하는 것은, 절대적으로 쓸데없는 일이고, 시대에 뒤떨어진 것처럼 생각한다. 모두가 진보에 대해 막연한 생각만을 하고 있다. 사람들은 이 진보 개념이 추구하는 목적을 대치할 수 있을 것처럼 여긴다. 사람은 변화하는 순간부터 진보가 있다고 생각한다. 그 결과 사람들은, 19세기가 열광과 낭만을 가지고 추구했던 대단히 막연하고 가상적인 목적을 대단히 추구한다.

사람 중에 아무도 목적이 무엇으로 구성되었는지 자문한다거나, 우리가 어느 방향으로 가고 있는지 세밀하게 검토하지 않는다. 어떤 통제도 더는 가능하지 않다. 왜냐하면, 목적이 사라졌거나 혹은 목적은 수단과 관련이 없어 보이기 때문이다. 그래서 수단은 인간의 활동, 주의를 끄는 것 그리고 경탄의 대상이 되는 모든 영역을 독점하고 있다. 사람은 아직도 행복, 자유, 정의에 대해 이야기하고 있지만, 이제는 그 내용과 조건을 알지 못한다. 사람들은 오직 이런 환상들과 관계없이 수단으로 사용할 때만, 이런 공허한 표어들을 꺼내 든다. 사람의 마음과 사고 안에서 희미해진 목표들은 다시는 어떤 생성적 힘을 가지고 있지 않다. 즉 이 목표들은 더는 창조력을 갖지 못한다. 그것은 현대 연극의 소품들 가운데 하나로 장식된 죽은 환상들이다. 사람들은 다시는 그것들을 심각하게 다루지 않는다. 아무도 더는 그것을 위하여 죽으려 하지 않는다. 오히려 사람들은 "비프스테이크"을 위하여 죽는다. 왜냐하면, 자기 자신이 정당, 국가, 계급의 수단이 되었기 때문이다. 수단으로서 그들은 어떤 목적을 향해 나아가지 않는 싸움 속에 휘말린다. 전쟁 속에 있는 병사 혹은 파업 속에 있는 노동자의 영웅주의는, 사실상 진실로 어디로 가는지 알지 못하는 수단의 영웅주의일 뿐이다.

무기력한 목적은 목적에 의하여 수단을 창조할 능력이 정말 없다. 지금 목적은 더 영감을 불어넣지 못한다. 왜냐하면, 그것은 단지 하나의 단어에 불과하며, 신화조차도 아니다! 목적은 아무것도, 또 어느 것도 더는 창조하지 못한다. 그러나 수단의 창조 메커니즘은 매우 다르다. 그것은 서로서로 생성한다.

천재는 대부분의 기술적 발견을 위해 이제는 필요 없다. 단지 일정

단계에 이르면, 다음 발견이 거의 필수적으로 뒤따르는 것이다. 또 정치인이 필수적으로 천재일 필요가 없다. 오직 환경과 기술적 수단이 그에게 해야 할 것을 말해줄 뿐이다. 마찬가지로 수단은 모든 영역에서 새로운 수단을 창출한다. 인간은 산업적, 재정적, 정치적 수단 영역에서 역학적 인과관계라는 엄격한 법에 순복한다. 인간은 거기에 거의 개입하지 못한다. 새로운 기계를 발명하거나 혹은 지금까지 알지 못한 처음 물질을 탐구하는 수단을 발견할 때, 새로운 생산품이 나온다. 인간이 이 새로운 생산품이 필요하지 않다든가, 이 새로운 창조가 절대적으로 불필요하고 중요하지도 않더라도 말이다. 수단은 다른 수단을 창출한다. 그래서 사람은 이 수단을 적용한다. 그런데 무슨 이름으로 그것을 적용할 수 있을 것인가? 어떤 이름으로 그것이 무용하다고 말할 수 있을까? 거기에 수단을 측정할 목표가 필요할 것이지만, 목표가 더는 없다. 이처럼 수단의 자동 생산은 대단히 뚜렷한 결과를 가져온다. 즉 그것은 결국 목표의 부재를 확고히 한다는 사실 말이다.

　우리는 어떻게 추구된 목표가 희미해지고, 추상적이 되는가를 살펴보았다. 게다가 목표는 절대 움직이지 않는다. 우리는 항상, 쇠퇴하고 약화한 백 년 전의 행복과 자유 개념을 가지고 있다. 그런데 수단의 발전은 이 목적을 무의미한 것으로 만든다. 왜냐하면, 수단은 일상적 목적을 고려하려는 가능성조차 끊어 버렸기 때문이다. 그러나 사람들은 현재 사용되는 수단이 희미한 목적조차 부정하고 있다는 사실을 인식조차 못 한다. 사람들은 마치 속도가 그 자체로 유효하고 충분한 목표인 것처럼, 비행기 속도의 신기록이 나올 때마다 자축하고, 더 빨리 가려고 열심히 일을 한다. 그러나 시간을 아끼는 것이 무엇에

소용되는가?

　새로운 치료법이 발견될 때마다 사람들은 기뻐하고 더 잘 치료하기 위해 많은 연구를 하지만, 그렇게 다양한 치료를 통해 보존한 수명은 무엇에 소용되는가? 삶의 가치는 무엇인가? 현재 문명 속에서 작동된 수단을 써서 얻은 시간과 삶은 더는 아무런 의미가 없다. 또한, 인간은 진실로 자기 시간을 만들 줄만 알았다. 삶은 그 어느 때보다 무의미해 졌다. 왜냐하면, 시간과 삶의 영적인 기초가 인간의 마음속에서 파괴되었기 때문이다. 수단에 의하여 비인간화되고 자신이 수단으로 되어버린 현대인은, 자신에게 시간을 주고, 수명이 연장되었음에도, 자신이 사용하는데 서투른, 대단히 완벽한 기계를 앞에 둔 야만인과 같다.

　그뿐만 아니라, 자신이 돈을 벌려고 많은 악을 행했지만, 정작 그는 자신의 시간과 삶을 박탈당하였다. 왜냐하면, 이전의 그 어떤 문명도 지금처럼 인간의 시간과 삶을 절대로 낭비하지 않았기 때문이다. 한 사람을 몇 초 더 살게 하려고 그 사람을 위하여 엄청난 노력을 쏟아 붓는다. 또 실업자나 정부기관 앞에서 줄 서는 사람들은 줄을 서면서 낭비한 몇 일이란 시간을 허비한 것이다. 이 모두가 우리 수단이 과잉된 결과다.

　한 생명을 구하려고 가능한 모든 과학은 실행되지만, 사람들은 폭탄과 포로수용소에 의하여 수백만 명을 학살하기도 한다. 이 모두가 우리 수단이 과잉된 결과다. 우리를 둘러싼 모든 것에 대해 사람들은 같은 방식을 행할 수 있다. 사회보장제도는 어떤가? 사람들에게 사회보장을 실행하기 위하여, 대단히 현명하게 거대한 행정장치를 설치했다. 그러나 왜? 무슨 목적에서 인가? 이전 어떤 시대도 우리 시대처럼 불안했던 적이 없었기 때문이다. 사람에게 수백만 프랑을 소요하는 이 허울 좋은 보장제도란 무엇인가? 이 금액은 우리의 기술적 수단 때문에 현재 모든 남자, 모든 여자, 그리고 모든 아이에게 일어나는, 재정적, 사회적, 경제적 위기, 전쟁과 혁명이란 불확실성에 대한 대가이다. 고삐 풀린 수단의 이 끔찍한 순환 속에서 누구도 더는 어디로 가는지 모르며, 목표는 잊혀 졌고, 목적은 뒷전으로 밀려났다. 인간은 정처 없는 곳을 향해 무서운 속도로 출발했다.

둘째 특징 : 수단은 스스로 정당화된다

오늘날 제기되는 이 문제의 두 번째 특징은 수단은 자기 스스로 자신을 정당화한다는 것이다. "목적이 수단을 정당화한다"는 원리의 시대는 지나갔다. 물론 아직 공산주의자들처럼 이 생각을 지지하고, 이 생각을 기반으로 하여 사회체계를 구축하는 이론가들도 있다. 도덕주의자들은 아직도 이 생각에 들떠 있는 순진함을 지니고 있고, 목적과 수단이란 문제를 도덕적 차원에 놓는다. 그러나 실제로 그 모든 것은, 인간이 정신적으로, 지적으로 수단의 주인이었던 시대의 이데올로기이며, 또 그 시대는 인간이 몇 가지 종류의 수단들 사이에서 선택할 수 있었고, 추구한 목적에 도달하기 위하여 그에게 가장 적절하게 보이는 것을 선택했던 시대였다. 비록 이 수단이 도덕적으로 비난받을 만했을지라도, 사람들은 목적의 고상함과 아름다움 때문에 수단을 인정하였다. 그러나 이런 시대는 거의 한 세기 전부터 사라졌다. 스스로 현대적이고 편견에서 벗어났다고 자부하는 정치인들이 행동의 원리로 아직도 이 법칙을 채택하는 것을 보는 것은 무척 가소로운 일이다. 현대사실들 자체가 이전 체제를 시대에 뒤진 것으로 만들었

고, 이 원리를 적용할 수 없는 것으로, 이런 생각을 노쇠한 것으로 만들어 버렸다.

사실, 오늘날 수단을 정당화하는 것은, 성공한 것, 효율적인 모든 것, 그리고 자신 안에서 "능률"을 소유하여 정당화된 것이다. 수단은 적용을 통해 결과를 얻고, 이 결과는 단순한 기준, 즉 "더"라는 것, 더 크고, 더 빠르고, 더 정확한가에 의하여 평가될 것이다. 단순히 이렇게 적용된다는 사실 때문에 수단은 좋은 것으로 선포된다. 성공한 것은 좋은 것이고 실패한 것은 나쁜 것이다. 오늘날 기술은, 가장 놀랄만한 성공을 가져올 수단, 유일한 수단을 한 치의 오차도 없이 분별하는 것을 우리에게 가르친다. 기술은 항상 성공한다. 모든 기술적 목표는 목적과 다르므로, 신중하게 두 개념 사이의 혼동을 피해야 한다. 그런데 이 기술적 목표는 가장 완벽한 기술적 수단에 의하여 필연적으로 성취된다. 따라서 수단의 정치는 승리의 정치가 될 것이다. 즉 완전히 수단이 중심이 된 경제인 공산주의 경제는 경이로운 성공을 거둔다.12) 경제가 이처럼 중심이 되고 또한 **빠르게** 발전할 것이지만, 인간은 분명히 이 빠른 발전의 와중에도 굶주린다! 기술적 수단의 승리인 독일 군대도 상당한 성공을 보였다. 독일의 적이 4배나 많은데도, 독일 군대를 무찌르기 위해서 4년이 필요했을 정도로 말이다. 이와 같은 종류의 예들을 찾기는 쉽다.

이 수단의 정치 승리는 설명하기 쉽다. 즉 기술이 된 수단은 어떤 한계도 없다. 그것은 모든 종류의 대상에 무차별적으로 적용되고, 기술 법칙 외에는 다른 규칙을 모른다. 그것은 어떤 가치 판단도 받지

---

12) [역주] 현재 공산주의 경제가 그 자체 모순으로 인하여 파산에 이른 것과는 달리, 이 글이 쓰일 당시에 공산주의 경제는 일정부분 성공적으로 보였을 것이다.

않는다. 그것은 잘 기능하는 도구일 뿐이다. 선 혹은 악, 의 혹은 불의라는 가치 판단은 보통 목적에 대한 것이지, 수단에 대한 것이 아니라는 점은 사실이다. 그때부터 기술적 방식은 모든 이데올로기적 굴레 혹은 도덕적 굴레를 제거한다. 그것은 절대적으로 기계처럼 기능 하는데, 외적 가치가 조정핸들이나 피스톤이 잘 돌아가는 것을 방해하지 않는 것과 같다. 가끔 기술적 결과들이 포로수용소의 경우처럼 인간 대중을 두려움에 떨게 한다. 그러나 그것은 이 사람들이 기술적 수단의 작용범위 밖에 있었기 때문이다.13) 즉 러시아 공산주의자는 시베리아 수용소에 대해 전율하지 않으며, 독일의 나치는 수용소 학살에 소름끼쳐 하지 않는다. 그런 실행이 세상에서 일반화되고, 우리가 모두 이 "수단"의 체제 속에 익숙해 있다면, 아무도 다시는 그것에 대해 놀라지 않을 것이다.

이 "자기 정당화"의 과정은 세 가지 결과를 낳는다. 첫째로 인간이 더는 어떤 단계에서도 수단의 주인이 될 수 없다는 것이다. 이것은 자주 사실로서 확인된 것이며, 수단을 통제하는 애송이 마법사는 오늘날에 존재하지 않는다. 주장하는 것조차 소용이 없는 일이지만, 이 사고의 무시할 수 없는 측면은 인간은 절대 수단을 선택하지 못한다는 것이다. 인간은 더는 한 가지 결과에 도달하기 위한 숱한 방법들 중에서 한 가지를 선택하는 것조차 마음대로 못한다. 오히려 그를 위해 선택하는 것은 바로 기술이다. 기술이 인간이 도달할 수 없는 정확성과 통찰력을 가지고 선택한다. 즉 기술이 인간에게 진실로 효율적인 하나의 수단을 지시해 주는데, 인간이 그것을 거절할 이유가 있을까?

---

13) [역주] 기술적 수단의 작용 범위 밖에 있다는 것은 아직 포로수용소라는 현상에 익숙하지 않기 때문에 두려움에 떤다는 의미이다.

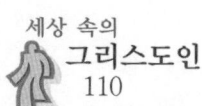

따라서 수단 사용의 책임은 근본적으로 인간에게서 단절되었다. 즉 선택은 없다. 물론 의약품, 정치, 법, 경제 영역 등, 모두가 이런 것이 아니라고 말할 수 있을 것이다. 그러나 이것들은 아직 초보단계에 있는 기술들이다. 인간은 아직 이 영역들 속에서 선택권을 갖는데, 그것은 기술이 거기서는 아주 조금씩 발전하기 때문이다. 그러나 기술은 빨리 성장하는 아이와 같아서, 우리는 이미 성장했을 때 모습을 미리 짐작할 수 있다. 일 세기 이내에 이 분야들에서도 인간은 토론할 수 있지 않을 정도로 가장 좋은 수단들을 갖게 될 것이며, 이 수단은 전 세계 어디에서나 같을 것이다. 인간은 평화 속에서 살 것이다. 인간은 고이 잠드소서!

두 번째 결과는 기술이 모든 영역으로 확장되는 것이다. 목적이 사라지고, 인간이 더 수단을 선택할 수 없으며, 오직 한 가지 길만이 행동욕구를 향해 열려 있는 한, 인간은 기술을 모든 대상으로 확대한다. 우리가 발견한 이런 현상은 기술이 중립적이라고 간주하기 때문에 더욱더 쉽게 발생한다. 우리는, 이 소란한 세상에서 안식을 제공하고 우리의 지옥 같은 환경에서 청량제가 되는 고전적 확신에 머물고 있다. 이 확신은, 우리가 추구한다고 믿었던 대단히 고상하고, 의로운 목적과 비교하여, 수단은 아무것도 아니며 부차적이고 또 무시될 수 있고 중립적이라는 것이다. 선과 악의 관점에서 식탁이 중립적이듯이, 기계도 중립적이다. 따라서 노동 조직도 중립적이고, 마찬가지로 행정, 심리 공학, 선전기술뿐만 아니라 로켓 혹은 포로수용소도 중립적이다. 사실상 우리 눈에 기술이 중립적이라고 말할 때, 우리는 모두 마음속에서 기술은 선하다고 생각한다. 기술이 인간의 힘을 확장시켜준다는 사실로 말미암아 기술은 선하고, 수단은 오늘날 기술이 인간에게 제공하는 힘으로 정당화된다. 바로 이 점이 내가 처음에 이야기했던 자기 정당화의 의미이다. 사실 이 논의는 신학적 논의이기 때문에, 여기서 다루지는 않겠다. 우리는 단지 수단이라는 현상을 강화시키는 인간의 내적 확신을 확인하려는 것일 뿐이다.

마지막으로 세 번째 결과는, 기술이 제공하는 독점적인 수단에 대해서 인간이 부과하는 모든 목적은 명백히 무용하고 부적합하다는 점이다. 수단은 먼저 자신이 정당화된 순간부터 더는 목적이 필요하지 않다. 따라서 우리의 기술문명에 새로운 목적을 제안하기를 바라는 사람들은 아주 우스워지고 비극적이 되는 것이다. 우리 문명이 기술적이라는 사실 자체로 이 문명에 부여할 수 있는 목적이 더는 존재하지 않는다. 우리의 기술문명은 소경을 인도하는 소경처럼 작동되고, 그것은 발걸음이 닿는 대로 간다. 무자비한 이 괴물을 아무도 우회시킬 수 없다. 헉슬리 같은 이상주의자는 새로운 목적에 우리 수단들을 종속시키고, 나쁜 수단이 목적을 오염시키기 때문에, 그 수단 중에서 가장 좋은 것들을 선택하기를 주장한다. 그런데 이 생각은 존경스럽고 객관적으로 진실하지만, 그것은 돌도끼를 가지고 전차와 싸우는 것만큼이나 우리 시대와 걸맞지 않다. 기술적 인간에게 제시할 목적을 찾는 교회도 마찬가지이다. 즉 이 생각은 필연적으로 비효과적이다. 기술적 인간은 자신의 삶에서 목적을 필요로 하지 않는다. 그는 수단에 의한 즉각적인 성공에 만족한다. 사실 바로 거기서, 우리는 교회와 기독교가 기반을 상실하게 되는, 심히 크고 결정적이며 유일한 이유를 찾게 된다. 만약 교회가 세상에서 더는 영향력을 상실한다면, 그것은 수단의 이런 새로운 위치 때문이다.

기술이 스스로 자기 정당화를 한다는 사실은 신학적 근거가 있는

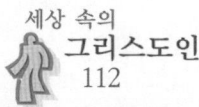

데, 그것을 지적하고 넘어가는 것이 좋겠다. 즉 그것은 명백함이다. 창세기 3장 6절. "여자가 그 나무가 먹기에 좋고 보기에도 즐겁고, 지혜를 열어줄 만큼 귀하다는 사실을 보았다…" 명백함은 남자가 설득되지 않고도 행동하도록 결심하게 하는 사탄의 수단이다. 사람은 명백함과는 논쟁하지 않는다. 사람들은 시속 천 킬로미터를 초과하는 비행기 또는 페니실린과는 논쟁하지 않는다. 그리고 다른 사람에게 신뢰를 주려고, 우리는 이런 극도의 명백함이 필요하다! 다시 한번 말하지만, 나는 여기서 신학을 논하려고 애쓰려고 하지 않고 사실을 연구하고자 한다.

셋째 특징 : 수단은 전체주의적이다

현재 다루는 수단 문제의 세 번째 특징은, 수단들은 전체주의적全體主義的이라는 점이다. 우리 문명은 완전히 수단의 문명이며, 수단이 삶의 전 영역에 영향을 미친다. 수단은 어느 것도 고려하지 않는다. 이러한 전체주의적 현실은 두 가지 관점에서 생각할 수 있다. 나는 이미 한 가지를 간단히 지적했다.

무엇보다, 수단은 자신의 진보를 돕지 않는 모든 것과 자신의 행보와 어울리지 않은 모든 것을 허용하지 않게 되었다. 즉 수단은 그의 발전을 방해할 위험이 있는 모든 것을 파괴할 것이다. 따라서 기술은 다음과 같은 것들을 계속해서 공격하고 파괴할 것인데, 먼저는 도덕적 판단이고 궁극적으로 윤리 전반을 공격할 것이다. 다음으로, 기술은 모든 것을 인간에게 종속시킨다고 주장하는 인본주의를 공격할 것인데, 그것은 기술이 인간의 이익에 의하여 제한되는 것을 받아들이지 않기 때문이다. 이어서 기술은 무용성無用性을 공격한다. 왜냐하면, 모든 것은 유용해야 하기 때문이다. 예술을 위한 예술은 집단 혹은 체제를 위한 예술에 의하여 대체되어야만 하는 것이 바로 이 때문이다. 마지막으로 기술은 정신적 자각을 황폐화시킨다. 왜냐하면, 인간은 자신이 발전시킨 수단의 좋은 노예가 되고자 자신의 눈을 가리는 것이 필수적이기 때문이다. 기술은, 누구도 의심하지 않듯이, 가장 큰 인류의 행복을 위해 자유롭게 발전해야 하기 때문에 비판의식을 말살할 것이다. 따라서 사람들은 더욱 완전한 가수를 만들려고 나이팅게일의 눈을 가려 버렸다. 그리고 인간적 가치의 폐허 위에서, 의기양양한 수단은 자신의 비상을 도울 수 있는 고유의 가치체계를 세운다. 모든 새로운 "가치"는 수단을 지지하는 버팀목, 수단의 받침대 또는 새로운 신화이다. 국가, 민족, 인종, 노동자, 노동 등, 사람들이 정당에 따라 우리에게 정신적 가치로서 소개하는 모든 것은, 사실상 단지 기술 발전을 위한 장식물에 불과하다. 그리고 그것은 인간이 이 사막 같은 현실을 용납하게 하려고 그에게 제시한 환상일 뿐이고, 그가 사는 세상의 끔찍한 가뭄을 그에게 숨기는 허울일 뿐이다.

그러니 이 새로운 신화들은 사람들이 충분히 강조하지 않았던 한 가지 효력을 가지고 있다. 그것들은 영적인 것을 수단에 이용하는 것이다. 즉 그것들은 이때까지 인간이 사용할 수 없어 보였던 것을 이용하도록 한 것이다. 사실, 인간이 사용할 수 없어 보인다는 사실 때문에, 마르크스적 현실주의는 영적인 것을 거부하였던 것이다. 아무튼, 미국은 이것을 잘 알아차리고 기독교를 노동의 한 요소로써 이용하였다. 이어서 파시스트 독재정권은 국가의 물질적 힘을 위해 영적인 힘을 사용하였다. 마지막으로 공산주의도 이것의 이점을 알아차리고, 비록 기독교적 신화일지라도, 노동자의 독재를 위하여 모든 신화

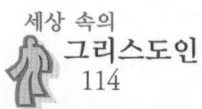

를 이용하기 시작했다. 이 영적인 것이 기술적 수단에 종속된 것은 진실로 우리 시대가 이룩할 수 있었던 유일하고도 가공할만한 현상이다. 다시 말해 그것은 모든 혁명적 가능성을 말살시키는 최종적 쐐기이다.

이 수단의 전체주의의 두 번째 측면은 수단이 조금씩 모든 것으로 그들의 영역을 확장한다는 것이다. 즉 물질적 대상이 기술에 종속되는 것일 뿐만 아니라, 인간 역시 종속된다. 인간은 더는 주체가 아니다. 인간은 그가 창조했던 힘의 대상이 되었다. 이제는 인간은 자신을 제어하기 위해서 자신을 알려고 하지 않고, 자신이 사용되고자 애를 쓸 뿐이다. 절대 인간은 진정한 자신의 형상을 발견하려 하지 않고, 오직 자신을 "복사"의 상태로 축소하려고만 한다. 그 결과 사람들은 심리기술, 노동수용소, 선전, 계획된 여가들을 만든다. 또한, 몇 년 이내에 인간 사육장, 인간 생체해부도 일상화될 것이다. 나는 이미 이것들이 만들어지는 연결과정과 필연성이 어떤 것인지를 설명하였다. 수단이란 독재군주는 영적인 영역까지 차지했다. 오늘날 영적인 문제들은 사용 가능한 수단의 문제가 되었다. 영적 질문에 대한 어떤 미국적 개념, 예를 들어 싱클레어 루이스가 『엘머 갠트리』14)에서 연구

---

14) [역주] 『엘머 갠트리 Elmer Gantry』는 미국 최초의 노벨문학상 수상자인 싱클레어 루이스(Sinclair Lewis)의 작품으로 1920년대 미국 중서부 지역에서 활동하던 전도사들의 비리를 그렸다. 사기꾼 세일즈맨 엘머 갠트리는 뛰어난 말솜씨를 무기 삼아 셰런 펠커너가 이끄는 선교단에 합류한다. 신도들을 휘어잡는 갠트리의 열정적인 설교와 불구자들을 일으키는 셰런의 치료능력에 힘입어 셰런의 선교단은 얼마 안 있어 명성과 부를 얻게 된다. 자신의 교회당을 지으려는 셰런의 꿈이 곧 이루어지려는 순간 한 창녀가 등장하여 그들의 앞길을 가로막는다. 전직 목사의 딸이었던 그녀는 한때 자신을 농락했던 갠트리에게 복수할 목적으로 그를 유혹한 후 현장을 사진으로 남긴다. 그러나 그녀의 방해에도 불구하고 갠트리는 다시 재기하고, 셰런은 자신의 교회당을 세운다.

한 개념을 참조하는 것으로 충분하다. 그러나 이것은 틀림없이 모든 실체에서 영적인 수단을 비우게 할 것이다. 왜냐하면, 인간이 대상이 되었고, 영적인 것이 영적인 수단 속에서 분류되기 때문이며, 존재는 더 가능한 의미가 있지 못하기 때문이다. 현시대의 철학인 실존주의가 우리의 존재가 이와 같다고 우리에게 상기해 주는 것은 맞는 말이다. 그러나 인간이 자신의 삶에 어떤 의미를 다시 부여할 정도로 자유롭다고 말하는 것은 틀린 말이다. 즉 회복 불가능한 수단의 승리는 이런 상태에 있는 인간에게서 모든 자유를 빼앗았다. 인간에게 천사 같은 미덕이 있다는 것을 믿는 것은 우리 시대를 모르거나 자기를 모르는 것이다.

2장

목적과 수단들의 문제해결

우리는 덫에 빠졌다. 허세를 부리거나 내적 자유를 주장하는 것은 부질없다. 자유가 나의 삶 속에서 표현되지 않는다면, 그것은 눈가림일 뿐이다. 그리스도인에게 이 상황은 특히 더 끔찍한 것이다. 왜냐하면, 내가 언급했던 것은 오늘날 그리스도인이 자신의 신앙대로 사는 것과 진정한 입증을 한다는 것이 불가능하다는 사실을 아주 명확히 증명했기 때문이다. 자신의 신앙대로 사는 것이 불가능하며, 또 우리의 시대가 다른 시대보다 더 나쁘지 않다거나 그것은 똑같은 어려움이라고 말하면서 쉽게 자신을 위로한다는 사실은 나도 잘 알고 있다. 그러나 그것은 진실이 아니다! 항상 자신의 신앙대로 산다는 것은 불가능했단 말인가? 과거에는 인간 내부의 이유 때문에 맞는 말이다.

"내가 원하지 않는 악을 행하면서 내가 원하는 선을 하지 않는 나에게 화가 있을진저!" 그러나 오늘날은 외적인 이유 때문이다. 우리의 문명까지, 어떤 문명에서도 인간이 이처럼 완전하게 구속된 적은 없었다. 인간은 굶주림, 자연환경, 타인의 노예였을 수 있었지만, 그는 항상 자기 시대에서 대부분 주인으로 머물며, 여러 길 사이에서 선택할 수 있는 충분한 자유의 여지를 유지했다. 어리석게 19세기의 영광에 젖은 역사책들은 그 반대를 주장했으나, 이제 이것은 통용된 생각이 되었다! 모든 문명은 어느 정도 구속을 사용했다. 그러나 이 문명들은 각 사람에게 자유롭고 개인적인 넓은 영역을 허락했다. 로마의 노예, 중세의 농노가 물질적으로 더 행복했다고 말할 수 없더라도, 현대 노동자 혹은 소련의 공무원보다 더 자유롭고 더 개인적이었고, 사회적으로 더 인간다움을 누렸다. 그러나 어떤 구속도 두지 않는다고 주장하는 우리 문명은 인간 전체를 포획하여 치밀한 틀 속에 가두려고 애쓴다. 그런데 이 틀 속에서, 모든 몸짓과 비밀스런 생각은 사회적 장치에 의하여 통제될 것이다. 바로 이것이 수단의 승리를 나타내는 것이다. 이것이 바로 그리스도인이 기독교 신앙대로 사는 것을 막는 새로운 사실이다. 따라서 그리스도인은 구체적으로, 자신의 증거와 활동이 이 환경 때문에 불가능해졌다는 것을 알아야 한다. 즉 그는 이 수단의 지배권을 깨뜨리지 않는다면, 기적이 아니라면, 기독교의 사회적 측면이 불가능해지고, 곧이어 개인적 측면도 불가능해진다는 것을 알아야만 한다. 왜냐하면, 예수 그리스도에 대한 신앙은 이런 척박한 풍토에서 오랫동안 살 수 없을 것이기 때문이다. 이 수단의 독재를 끊어야 한다. 그리스도인들은 "혈과 육에 대해서가 아니라, 정사, 권세, 세상 주관자들"에 대한 싸움에 참여해야만 한다. 그리스도인들은, 먼저 기본적으로 영적인 이 싸움은 치명적인 싸움이라는 사실을 알아야만 한다. 랭보의 글귀가 이것에 대해서는 다른 어떤 것보다 더 잘 어울린다. "영적 싸움은 인간의 전쟁만큼이나 처참하다!"

나는 여기서 급박한 논의에 비해 대단히 관념적인 주제인, '우리가 어떤 존재가 되어야 하는가?'에 대해 언급하지 않을 것이다. 나는 기술의 각 형태에 대항하는 행동 수단도 더는 제시하지 않을 것이다. 나는 지난 이백여 년 전부터 폐기되었던 전통적인 기독교의 방법인 한 가지 노선을 상기시키고자 한다. 그런데 이 노선은 현대 기술의 승전과 는 정반대 방향으로 나아가는 방법이다.

상기되어야 할 첫 번째 진리는 그리스도인들에게 목적과 수단 사이의 어떤 분리도 존재하지 않는다는 사실이다. 이렇게 분열을 조장했던 것은 그리스의 윤리사상이다. 우리가 출발해야 하는 지점은, 하나님의 사역에서 목적과 수단이 같다는 사실이다. 그래서 예수 그리스도가 현존할 때 **하나님나라**는 다가왔다. 이 문장은 목적과 수단 간의 관계를 아주 정확하게 표현한다. 예수 그리스도는 자신의 성육신 속에서 인간의 구원과 **하나님나라**의 설립을 위한 하나님의 수단으로서 나타난다. 동시에 예수 그리스도가 계신 거기에 또한 인간의 구원과 그의 나라가 존재한다.

그러나 이런 경우는, 오늘날 우리의 상황으로서 내가 기술했던 것과는 정확하게 정반대이다. 즉 우리 문명은 수단 속으로 목적을 흡수하는 반면에, 하나님의 사역 안에서 수단은 오직 목적이 실현된 현존으로서만 나타난다. 단 하나뿐인 유일한 중재자인 하나님의 수단이 현존할 때, 시간의 끝에서 오는 **하나님나라**라는 목적은 이미 실현되었다! 하나님의 모든 사역은 목적을 수단에 의하여 실현하는 것이다.

하나님의 활동은 그것이 언약이거나, 율법이거나, 예언자이거나, 이스라엘 역사 혹은 지혜이거나 간에, 항상 목적과 수단의 일치를 보여준다. 따라서 그리스도인의 모든 삶 안에서도 같은 일치가 나타나야 한다. 그리스도인에게 또한 목적과 수단은 같은 방식으로 연합된다. 그러므로 그는 수단에 대한 우리의 노예상태에 대해서 온 힘을 다하여 저항할 수 있다. 특히 그는 다른 삶의 자세 속에서 살아야만 한다. 즉 계획, 프로그램, 행동과 실현수단을 무엇보다 먼저 찾지 말아야 한다. 현재 이것이 교회에서 전염병처럼 번지고 있는데, 그리스도인이 그렇게 할 때, 그것은 단순히 세상의 모방에 불과하며 실패하게 되어 있다. 우리가 "하나님에 대한 거리낌없는 양심을 지니는 것"을 행하지 않는다면, 우리가 할 수 있는 모든 것은 어떠한 중요성도 가질 수 없다.

중요한 것은 우리의 기구와 조직이 아니라 우리 자신이다. 왜냐하면, 하나님의 도구는 바로 우리 자신이기 때문이다. 또한, 교회와 그 구성원들이 하나님의 수단이기 때문에, 그들은 하나님나라를 특징짓는 목적의 현존이어야만 한다. 따라서 우리는 어떤 순간에도, 자신 밖에 있는 목표, 즉 큰 수고의 대가로 이룰 수 있는 어떤 목표를 찾고자 하지 말아야 한다. 모든 수고는 예수 그리스도 안에서 이루어졌다! 오히려 하나님이 인도하시는 세상이 향하는 목적을 우리 안에 가져야 한다. 우리가 원하든 원치 않든 간에, 사람들이 그것을 교만하다고 평가하든 안 하든 간에, 그리스도인은 목적에 대하여 다른 사람들과 같은 상황 속에 있을 수 없다. 즉 그리스도인들은 하나님의 은혜에 의하여 그들 안에 이 목적을 받아들였다. 그들은 세상 앞에서 예수 그리스도가 보장하는 목적과 수단의 통일성을 보여야만 한다. 왜냐하면, 목적을 세우고 그것을 실현하게 하는 것은 인간이 아니라, 그 목적을 배열하고 실현하는 분은 하나님이기 때문이다. 그런데 이것은, 다음과 같이 말하면서, 사람이 일할 때 통상적으로 취하는 태도를 완벽하게 뒤바꾸는 것이다. 사람들은 "물론 열매를 맺게 하시는 분은 하나님이다" 혹은 "결과야 어떻게 되든 의무를 다하라" 혹은 "사람이 계획할지라도 인도하시는 분은 하나님이시다"라고 말한다. 이 모든 세상 나라의 지혜는 인간의 지혜이며, 이 지혜는 하나님을 끌어들이려고 애쓴다. 사실 이 태도에는 사람의 일과 하나님 일의 분리, 수단과 목적 사이의 분리가 존재한다. 또한, 사람들이 각자에게 자기 일들을 행하기를 권유하는 한, 이 태도는 근본적으로 반기독교적 삶이다. 사람들은 먼저 인간의 일을 진행한 다음, 다른 저 세상을 위하여, 즉 일종의 품위를 더하려고 하나님을 갖다 붙이는 것이다! 그러나 나는 아주 정반대로 하나님이 목적을 설정하셨고, 또 우리 수단을 통해 실현되는 것이 바로 이 목적이라고 본다. 따라서 오늘날 진행방식과는 정반대 방향이다. 진행 순서가 뒤바뀐 사실은 실제적 영역에서 매우 중요하다. 그것은 단순한 지적 놀이가 아니다.

예를 들어 그것은 정의가 이 땅을 다스리려고 우리가 일하고 노력하지 말아야 한다는 것을 의미한다. 의義의 담지자인 우리 자신이 의로워야 한다. 성서는 우리에게 의는 의인이 있는 곳을 다스린다고 가르친다. 의롭다는 것은 물론 그리스도에 의하여 의롭게 된다는 것을 의미한다. 의가 의인이 있는 곳을 다스리는 것이 바로 이것을 위해서이다. 그래서 이 의인이 그리스도의 의를 힘입어 산다. 이 의는 현존하며, 바로 이 현존 때문에 인간은 의롭게 된다. 따라서 의란 도달해야 할 목적과 균형을 맞추기 위한 도구가 아니라, 우리 삶 속에서 존

재하는, 값없이 주신 설명할 수 없는 하나님의 선물이다. 그래서 우리 수단은 의를 도래하게 하는데 소용되는 것이 아니라, 그 의를 나타내는데 소용된다. 마찬가지로 우리는 세상에 평화가 도래하게 하는 것에 많은 수고와 재능으로 애쓰지 않아도 된다. 단지 우리 자신이 평화로운 존재가 되어야만 한다. 왜냐하면, 평화로운 존재가 있는 그곳에 평화가 지배하기 때문이다. 이 생각은, 하나님이 평화와 같은 선한 목적을 창조하실 때, 즉 예수 그리스도 안에서 생생하게 창조하실 때, 이 창조를 지배하는 항상 같은 개념이다. 즉 하나님의 선한 목적은 오직 우리라는 수단을 통해서만 있다는 사실이다. 따라서 기독교 윤리학의 원리가 이것과 연결되어 있다. 말하자면 하나님이 원했던 목적이 인간 가운데서 실현되기 위하여 우리가 경험해야 할 것은 성서 안에서 찾아야만 한다. 우리가 잘 아는 바와 같이 진정한 기독교 윤리를 위해 거룩함을 할 노력 같은 것은 없다. 모든 윤리학은 목적에 도달하려는 목표를 가지는 것이 아니다. 단지 은혜와 평화, 사랑과 성령의 교통, 정확하게 말하자면, 하나님이 추구하시고, 우리 안에서 기적적으로 현존하는 목적을 통해 우리에게 주신 선물을 나타내는 것이다. 이제 수단에 대한 우리의 인간적 생각은 근본적으로 뒤집혔다. 우리의 생각은 수단의 교만과 권세의 뿌리로부터 단절되었다. 수단은 더 무엇인가를 "실현하기"위한 것이 아니다. 또 우리의 생각은 따라야 할 길과 기대해야 할 성공에 대한 불확실성으로부터 자유로워졌다. 우리는 우리의 시대가 가지는 수단에 대한 강박관념을 값싸게 처분할 수 있다. 우리는 교회에서, 우리의 행동을 통제하는 것이 우리의 의지가 아니라 우리 안에 현존하는 하나님의 목적이라는 사실을 배워야만 한다!

나는 사람들이 쏟아낼 위험이 있는 비난을 잘 알고 있다. 즉 어떤 사람들은, 우리 시대의 위대하고 고귀한 발견은 인간의 행동이 집단적이어야만 한다는 사실에 있다고 말할 것이다. 그에 비해, 나의 행동 개념은 개인적인 연구일 뿐이고, 행동에 대한 개인주의적 개념이라고 말할 것이다. 즉 나의 개념은 개인을 벗어나 모든 사람과 관계되는 문제를 개인적 범주로 끌고 오는 것이라고 말할 것이다. 또한, 개인적이지 않고 우리와 관계될 뿐만 아니라 제도적 문제들에 대해서, 나는 개인적 해결책을 찾는 것이라고 할 것이다. 예컨대 평화와 정의는 정치, 사회조직의 문제이므로, 적당한 수단을 가지고 있어야만 하고, 그런 문제를 개인적인 양심과 다른 차원에서 다루어야만 한다는 것이다.

사실상 이 논증들은 타당하지 못하다. 여기서 문제가 되는 것은 행동에 대한 개인적 개념과 집단적, 제도적 개념을 대립시키는 것이 아니다. 첫째 요점으로, 문제시되는 것은 개인이 아니라 하나님이라는 것을 강조하는 것으로 충분하다. 평화나 정의가 문제가 아니라, 하나님이 주신 평화와 정의가 문제이다. 따라서 수단에 대한 이 모든 개념은 개인 중심이 아니라 하나님 중심이다. 바로 이 사실로 말미암아 이 개념은 집단적 개념이다. 왜냐하면, 이 행동의 통일성을 만드는 분이 하나님이시며, 우리 안에서 활동하시는 분도 하나님이시기 때문이다. 하나님은 "우리 안에서 원하시는 것과 하고 싶은 것"을 행하신다. 모든 사람 안에서 유일한 성령으로 행하시는 유일한 하나님이시기 때문에, 이 수단들의 집단적 통일성은 우리의 인간적 수단에 의해서가 아니라 하나님 자신의 통일성에 의하여 보장된다. 확실히 우리의 불신앙을 패배하게 하는 것은 이 집단성과 통일성 개념이다. 우리

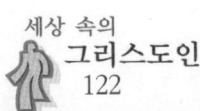

가 하나님을 신뢰하는 것을 거부하고, 우리가 우리의 행동을 신뢰하며, 이 행동을 합리적으로 만들고, 그것을 좌지우지하면서, 우리가 원하는 특성을 부여하길 원하는 한, 우리는 개인과 집단이란 인간중심적 딜레마에 사로잡힐 수밖에 없다. 그런데 오직 해결방법은 구체적으로 우리에게 열어준 하나님의 행동이다. 하나님의 행동은 인간과 연결되어 있다. 즉 그것은 항상 인간과 하나님 사이의 관계이다. 그러나 하나님은 만민에게 동등하시기 때문에, 하나님의 행동도 집단적이다. 이와 같은 방식으로 수단에 대한 개념은 전통적인 범주에서 벗어났다.

둘째 요점으로, 제도에 관한 태도를 결정하는 것이다. 개인을 간접적으로 변화시킬 수 있는 수단을 찾는 것, 결국 인간의 조건을 바꾸려고 제도를 개혁하고자 하는 것은 위선 혹은 거짓이라고 말해야만 한다. 우리가 소유, 분배, 행정 등, 제도의 개혁에 치중하지 않는 것을 불안해한다면, 그것은 마르크스주의자든지 위선자든지 둘 중의 하나일 수 있다. 먼저 우리가 의식 있는 마르크스주의자 일 수 있다. 이때 우리는 인간 본성의 존재를 믿지 않고, 단지 제도의 개혁에 의하여 완전하게 그리고 철저하게 개조시킬 수 있는 인간 조건의 존재만을 믿는다. 그러나 그것은 창조에 대한 부정이다. 또한, 우리가 위선자일 수 있다. 이때 우리는 인간의 문제를 빠짐없이 다루는 것을 거부한다. 즉 인간의 주변 환경만을 살펴보려고 중심 문제를 파악하는 것을 거부한다. 다시 말해 우리는 환경만을 보려고 존재의 형상으로부터 눈길을 돌린다. 비록 환경이 형상을 다소간 가치 있게 해줄 수 있다는 것이 사실이라고 하더라도, 환경에 가치를 주는 것이 바로 환경이라는 것은 사실이 아니다. 만약 우리가 이렇게 위선적 행동을 한다면, 그것은 우리가 이 일에 완전히 참여하는 것을 거부하는 것이다.

　이 모든 것은 제도의 개혁이 중요하지 않다는 것을 의미하지 않는다. 단지 이 개혁이 우선적이 아닐 뿐이다. 어쨌든 이 제도를 개혁시키는 수단에 대한 미칠듯한 추구, 즉 오늘 우리가 몰두하는 추구는 하나님 보시기에 잘못된 것이고 완전히 헛된 것이다. 그것을 인식하기 위해서 그리스도인일 필요는 없다. 따라서 이 수단의 추구가 우리의 올바른 태도의 결과라면, 즉 세상의 종말이 존재하는 것에 대해 순수하고 단순한 표현이거나, 또한 종말과 심판이 현대 세상에서 생생히 살아가는 것을 기반으로 변혁이 이루어지는 것이라면, 제도적 개혁을 추구하는 것은 완전히 정당한 것이다. 가장 단순한 예는 기독교로부터 나온 사회개혁 중 하나에서 찾아볼 수 있을 것이다. 즉 노예제도는 점진적으로 3-4세기에 없어졌는데, 그것은 교회와 그리스도인들이 노예제도에 대한 직접적 정죄 혹은 포고령을 내려서 한 것이 아니었다. 그것은 이 시대의 그리스도인들이 끊임없이 그리스도의 재림을 기다리면서, 그들의 노예도 동등함을 깊이 느꼈기 때문이다. 그리스도가 오고 계시므로 노예를 소유하는 것은 소용이 없고 불공정한 처사가 되었던 것이다! 제도 개혁은 교회의 신앙으로부터 나와야 하지, 몇몇 전문가들의 기술적 능력으로부터 나와선 안 된다. 전문가들이 그리스도인이든 아니든 말이다.

목적과 수단들 사이의 진정한 관계

　목적이 세상에서 차지해야 할 어떤 자리가 있는 것이 사실이라고 한다면, 또 그것이 우리 시대에서 가능한 유일한 참조기준이라는 것이 사실이라면, 이것은 우리 문명이 축적할 수 있었던 거대한 수단들

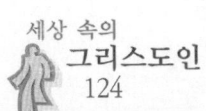

속에서 전례 없는 대혼란을 일으킨다. 이제 이것이 사실상 의미한 것이 무엇인지 살펴보아야 한다.

첫 번째 명백한 사실은 우리 수단들이 절대적으로 타당하며 유일한 목적에 적합하지 않다는 것이다. 우리 수단들은 목적을 가지고 있지 않다는 것을 확인할 때, 이것은 정말 사실이다. 이 수단들과 우리의 유일한 목적 사이에는 엄청난 괴리가 있다. 그리고 이 사실 때문에 수단들은 근본적으로 비효율적이 된다. 그러나 나는 이 "혼동" 때문에 난처한 기술주의자들을 생각하게 되는데, 이들은 이렇게 말할 것이다. "당신은 섞지 말아야 할 것을 섞고 있소. 우리는 우리의 기술에 의하여 **하나님나라**를 도래하게 한다고 주장하지 않았소. 우리의 수단들은 눈앞의 목적에 맞추어져 있소. 당신은 그리스도 재림의 이름으로 그것들을 단죄할 권리가 없소. 크게 다른 두 가지 영역이 있소. 궁극적인 그리스도 재림을 목적으로 삼는 영적인 가치들이 있고, 물질적 가치들이 있소. 다시 말해, 은혜 영역과 보존 영역이 있고, 은혜와 율법, 등등이 있소."

우리는 이 논박을 완전히 거부한다. 먼저 기술주의자들은 지상에 **하나님나라**를 도래하게 하겠다고 실제로 주장했기 때문이다. 빅또르 위고, 르낭과 다른 사람들이 눈부시게 보여준 진보의 개념에 해당하는 것이 정확하게 그것이다! 하나님나라가 대재앙 속에 임한다는 것을 거부하고, 그의 나라가 하나님을 향한 인간성의 고양과 함께 점진적으로 출현한다는 신학적 교리에 해당하는 것이 정확하게 그것이다. 혼동은 바로 거기에 있는 것이지, 우리에게 있는 것이 아니다. 게다가 두 영역, 물질과 영, 은혜와 율법 등을 구분하는 것도 잘못이다. 사실 두 영역, 보존과 구속은 분리되는 것이 아니라 상호 통합된다.

또 사람의 모든 활동은 예수 그리스도의 **주권**에 복종 된다. 수단은 이 유일한 목적을 위해 잘 정비된 것이다. 그런데 우리가 수단들이 비효율적이라고 말할 때, 그것은 수단이 하나님나라를 도래하게 할 수 없다는 것을 의미하는 것이 아니다. 그것은 따라서 계량경제학은 경제 생활이 그리스도 재림이란 실제적인 심판에 종속되지 않는 하나의 폐쇄된 총체라고 전제하기 때문에, 경제적 삶을 정상화하는 데 완전히 실패할 것이다. 이것은 사실이 아닌 것처럼 보일 수 있다. 그렇지만, 이것은 계시의 결과이다. 모든 기술은 다가 올 하나님나라에 의하여 정비되고, 제 위치를 잡고, 판단되지 않는다면 죽게 된다.

내가 보기에, 종말이 우리 시대 유일한 기준이 되었을 때 생기는 두 번째 결과는 다음과 같다. 우리가 마음대로 하는 모든 수단, 현대 세상이 교만과 취기 속에서 만들어낸 모든 기술 수단들, 돈, 기계의 힘, 선전, 영화 혹은 신문, 오락, 통신수단들과, 놀란 인간들이 갈 바를 알지 못하는 이 모든 아수라장은, 만약 그것들이 하나님에 의하여 사용된 수단 속에 이미 존재하는 목적의 관점 속에 놓인다면, 그들의 자리를 찾을 수 있을 것이다. 이것은 절대로 문명 수단의 배제하거나 또는 파괴하자는 것은 아니다. 또 이것은 절대로 인간의 영적인 힘을 근거로 하는 자의적인 초월주의도 아니며, 절대로 이 초월적 모험의 결과와 관련된 낙관주의도 아니다. 왜냐하면, 우리는 그것이 일어나야만 한다고 절대로 말하지 않기 때문이다. 이것은 단지 이 수단들이 인간의 삶을 가능하게 하도록 하는 목적을 가지기 위한 유일하고 본질적인 조건을 표현할 뿐이다.

그러나 수단을 하나님이 원하시는 목적에 비추어 판단하자는 이 입장은, 정치적 현실주의에 대해 단호하게 반대하는 태도를 전제로

한다. 또한, 도덕규범의 이름 때문이 아니라, 현실적으로 존재하는 하나님이 원하시는 목적에 의하여 수단을 판단하려는 태도를 전제로 한다. 이 수단들이 실제로 종말론적 재림에 비추어 결정되기 위해서, 수단들이 한계를 두지 않고 자신보다 높은 기준을 설정하지 않는 것을 그만두어야 한다. 수단들은 판단을 받아야 한다. 즉 그것들이 용인되든가 거부되든가 해야만 한다. 이때 우리가 고려해야 하는 것은 수단이 갖는 내재적 가치, 기술적 효과, 수단으로서 특성이 아니다. 그것은 수단들의 종말론적 내용과 예수 그리스도의 **주권** 속으로 통합되는 수단들의 능력이다. 수단들은 선하거나 악하지 않다. 그것들은 사랑의 **나라** 속으로 들어오도록 부름을 받았으며, 거기에 들어올 수 있거나 혹은 없을 수 있다. 수단들은 천상의 예루살렘 문 안에 있을 수 있고, 밖에서도 있을 수 있다. 그것들의 영광은 거기서 하나님의 영광을 위해 드려질 수도 있고 없을 수 있다. 그러므로 우리가 고려해야 하는 것은 이 수단들의 외적이고 부가적인 질이 아니라, 그것들이 활용되고 있는 상황 자체이다. 또한, 그것들의 즉각적인 목적과 결과가 절대 아니라, 그것들의 고유한 내용이다. 이것은 어떤 것의 수단들로서 그것들을 보는 것보다는 인간의 활동으로 보아야만 한다는 것을 의미한다.

바로 여기에 뛰어넘어야 할 가장 큰 난관이 있다. 우리는 하나님의 사역이 우리에게 어떻게 목적과 수단 간의 차이를 없애도록 요청하였는지, 그리고 우리의 활동이 하나님의 사역과 목적을 표현하는 한, 어떻게 그것이 더는 수단이 아닌지를 보았다. 이제 우리는 순수하게 인간적인 모든 활동, 또 오늘날 우리의 비전의 영역을 차지하는 인간적인 모든 노력에 내재한 수단들의 성격을 부인하였다.

사실 인간적 활동은 절대 어떤 것의 수단이 아니며, 하나의 활동일 따름이다. 활동으로서 그것은, 기독교 신앙이 우리에게 제시한 수단의 개념에 복종해야 한다. 오직 이 활동은, 사람들이 가질 수 있을 인상처럼, 어리석거나 일관성이 없는 것이 아니다. 반대로 그것은 완전히 방향이 있고 질서정연하다. 이 활동은 제 위치에 놓여 있고 거대한 비극에서 벗어난 현대인의 모든 노력으로 이루어진다. 목적과 수단들이 근본적으로 일치하고, 수단이 참다운 기능을 발휘할 때, 현대문명의 생산물이 행복의 필수적인 조건이나 진보의 원인이라는 것은 더는 사실이 아니다. 이제 사람들이 가치와 미덕을 발견할 수 있는 것은 이제는 수단의 증가 속에서가 아니다. 인류의 미래가 달린 것은 절대 기술적인 힘이 아니다. 과거에서 미래를 향한 진보 대신에, 현재를 설명하고 만드는 것은 미래로부터의 흐름이다. 그래서 우리의 기술적 발견들은 일시적인 방편들일 뿐이며, **하나님나라**의 시각 속에서 그들의 정확한 위치를 찾아야만 한다. 그러나 위치설정은, 구체적으로, 부차적이고 제한된 목적들을 이 도구들에 부여할 수 있다는 사실을 전제하는 것이다. 이때 이 도구들은 어떤 것에 사용된다.

목적과 수단들에 대한 새로운 관계 덕분에, 우리는 수단들이 무엇에 사용되도록 부름을 받았는지 그리고 사람들은 그것들로부터 무엇을 기대할 수 있는지를 정확하게 말할 수 있다. 수단에 흡수되어버린 목적들이나 수단과 관련이 없는 철학적 목적들과 매우 다른 어떤 것이 있다. 이를테면 그것은 현재 모든 세력에 공통적인 기준을 적용하는 것이다. 그런데 이 공통적 기준은 이미 현존하는 그리스도의 **주권**과의 관계에 의하여 주어질 수 있다. 이렇게 하여 우리는 실행해야 할 개혁들과 세상을 위한 하나님의 임시적 질서를 성서 안에서 찾을 수

있게 되었다. 그런데 이것을 위한 조건은, 이 질서의 상대적 가치를 인식하는 것과, 또한 실현을 위해 사용되는 수단들은 이 실현을 위해 결정적으로 지정된 것이 아니며, 이 실현에 의하여 결정적으로 판단되는 것도 아님을 명심하는 것이다. 오히려 수단들은 하나님나라를 위해 지정되고, 그것에 의하여 판단된다. 따라서 우리는 우리 활동의 참된 방향성과, 이 활동들과 우리가 제안할 수 있는 부차적 목적들 사이의 진정한 관계를 찾을 수 있다.

목적과 수단들 앞에서 그리스도인의 자세

그러나 실제 상황 속에 수단들을 제 위치에 돌려놓고, 인간의 활동에 올바른 방향성을 다시 제시하기 위한 이런 시도는, 훨씬 더 깊은 변화를 동반하지 않는다면, 또 하나의 비효과적이고 무가치한 이데올로기일 뿐이다. 나는 구체적으로, 세상이 영적인 혁명에 의하여 초월적이지만 이미 실제로 현존하는 목적을 되찾지 않는다면, 세상은 갈 길을 잃게 될 것으로 본다. 그런데 기술의 비밀스런 세계 속에서도, 이 목적의 현존이 지각될 수 있다. 모든 철학 속에서 이 목적을 찾고자 할 수 있지만, 오직 기독교만이 해답을 제공한다. 그러나 말하기는 쉽다. 하지만, 말만 해서는 아무것도 변화시키지 못한다! 그리스도인은 이 일에 있어서 자신의 책임을 절감해야만 한다. 왜냐하면, 기독교와 하나님은 그런 방향으로 작용하지 않기 때문이다. 이 일은 우리가 그것을 원하든지 원하지 않든지 자동으로 전개되는 역사가 아니다. 이것은 실현될 수도 있고, 또 실현되지 않을 수도 있다. 하나님은 행동하실 수도 있고, 안 하실 수도 있다. 행동하길 원하시는 하나님은 자신의 사역을 위한 다루기 쉬운 도구들을 발견해야만 한다. 항상 우리는 하나님이 직접적이고 초월적 방식으로 행동하는 경우가 거의 없다. 성서에 의해 주어진 교훈을 상기해보자. 하나님은 항상 자신의 사역을 이루는 인간적 도구를 선택한다. 우리가 현재의 딜레마, 즉 수단에 의하여 세상에서 추방된 예수 그리스도 혹은 세상 속에 통합되어 그 자신이 수단이 된 예수 그리스도라는 딜레마에 놓여 있는가를 아는 것이 중요하기 때문에, 순수하게 영적인 영역에서 그리고 현재 마찬가지로 중요한 하나님의 사역에서 하나님은 필요한 동역자들을 찾을 것인가? 다르게 말하자면, 예수 안에 있는 하나님의 계시만이 목적과 수단들에 관한 해결 불가능한 현재 문제에 타당한 해답을 가져다준다는 이 사실은, 현재 그리스도인이라고 자처하는 사람들의 삶에서 생생한 효력을 미치는가? 그것은 그저 단순한 지적인 태도와는 다른 것인가?

사실 여기서 앞 장의 논의가 이 의문과 연관된다. 목적과 수단들에 대한 우리의 태도는 완전히 혁명적인 입장을 취하게 한다. 사실상 그것은 인간의 삶을 바라보는 시각에서 근본적인 변혁이다. 그리스도인들이 실천해야만 하는 결과는 현재 "존재"의 문제이지 "행동"의 문제가 아니다.

우리의 세상은 완전히 행동에 쏠려 있고, 모든 것은 행동에 의하여 해석된다. 행동보다 더 아름다운 것은 없다. 사람들은 행동에 대한 표어, 프로그램, 방법을 찾는다. 우리의 세상은 너무 활동에 사로잡혀서 삶을 잃어버리고 있다. 모든 독재자의 거대한 표어가 "행동을 위한 행동"이라는 것을 안다. 이렇게 해서 우리는 목적과 수단들이란 문제를 다시 생각하게 된다.

현대 세상은 거의 완벽하게 개인적 삶을 말살시키는 경향이 있다.

대중의 형성, 인위적인 신화창조, 삶의 형태 통일 등에 의하여 획일화라는 일반적인 흐름이 발생하고 있다. 점점 개인은 기계문명이라는 집단적인 급류에 휩쓸려 자기 자신을 망각해 가고 있다. 자신의 시간을 행동하는 것에 보내는 사람은 바로 그것에 의해서 사는 것을 중단한 것이다. 시속 120킬로로 자동차를 운전하는 사람은 빠르게 살고 행동하여 시간을 절약한다고 생각하지만, 뇌신경마비가 그를 장악한다. 그는 조금씩, 조금씩 우둔해져서, 기계에 대해 기계적이 되어 간다. 그는 반사운동과 감각은 있지만, 판단과 자각을 하지 못한다. 그는 자동차의 완벽한 부르릉거림에 자신의 영혼을 잃어버렸다. 따라서 우리는 모두 최후가 될 수 있는 보편적인 무력증에 빠져 있다.

그러나 우리가 앞에서 기독교에 대해서 말한 것이 사실이라면, 그리스도인이 현실 속에서 목적을 드러내려는 필요성, 세상에 어떤 시각을 복원해야 할 필요성, 행동 자체를 위한 부차적인 목적들을 재발견해야 할 필요성, 이 모든 필요성은 행동이 다시는 주인이 아니라는 것을 전제로 한다. 또 이것은, 필요한 태도란 산다는 것이고, 세상이 우리에게 제시한 행동을 거부한다는 것을 전제로 한다.

그리스도인에게 제기되는 중심문제는 어떻게 행동할지를 아는 것이 아니고, 세상이 우리에게 제시한 무수한 행동 양식들 속에서 선택하는 것도 아니며, 찬성이든 반대든, 혹은 다른 것이든 행동하는 것이 아니다. 그러나 나는, 그리스도인들이 세상과 이 세상 임금의 일을 비참하게 모방하는 상황 앞에서, 두려움에 사로잡히게 되지 않을 수 없다. 특히 다음과 같은 상황을 볼 때 더 그렇다. 즉 교회들이 하는 행동을 위한 막대한 노력을 볼 때, 또 "진군하라, 진군하라"와 같은 행동을 위한 논문과 호소, 그리고 프로그램을 볼 때, 예를 들어 정치영역에서 그리스도인들이 "공산주의를 위해서 행동할 것인가 대항해서 행동할 것인가"15)와 같은 우스운 질문으로부터 빠져나오길 원하지 않는 것을 볼 때, 그리고 방금 앞에서 쓴 모든 것이 불가피하게 내가 잘 아는 질문들, 즉 "그러면 당신은 기계에 반대한다는 것이오? 기술에 반대한다는 것이오?", "변화를 위하여 이 조건 속에서 어떻게 한다는 것이오?"라는 질문들을 연루시키는 것을 볼 때, 나는 두려움에 사로잡힌다.

그리스도인들은 이처럼 세상의 기본적 교리들에 너무 젖어 있어서 더는 사상과 삶의 자유를 갖지 못했다. 그렇지만, 고린도전서 7장 23절은 "너희들은 큰 값으로 사게 된 것이니 사람들의 종이 되지 말라"고 말씀하고 있다. 그런데 오늘날은 종이 된다. 사람의 종이 된다는 것은 세상의 근본적인 사상을 받아들인다는 것이며, 세상의 편견과 반응을 답습한다는 것이다. 우리는 심오한 삶의 증거인 참된 행동의 의미를 잃어버렸다. 이 행동은 마음으로부터 나오는 신앙의 결과물이며, 신화나 선전 혹은 맘몬16)의 결과가 아니다. 문제는 삶이지 행동이 아니다. 이 세상 속의 혁명적인 태도는 실용적인 행동을 원하지, 삶을 원하는 것이 아니다. 영적으로 살아있는 사실 속에 포함된 영적인 힘을 심각하게 붙잡아야만 한다. 삶은 비타민, 호르몬과 육체적 문화에 달렸다고 믿는 것을 중단해야만 한다. 구체적으로 행동을 위하여 삶을 포기해 버리는 좋은 수단인 "건강한 몸에 건강한 정신"이란 표어도 없애야만 한다.

---

15) 자끄 엘륄, 『기독교와 마르크스주의 L'idéologie marxiste chretienne』(대장간 역간)를 보라.
16) 자끄 엘륄, 『하나님이냐 돈이냐 L'homme et l'argent』(대장간 역간)를 보라.

사람은 행동하는데 사로잡히는 대신에 살아 있어야 한다. 이 사실은 수단들을 진짜 제자리에 놓은 것일 수 있다. 그러나 그것은 명백히 현재의 흐름과의 근본적인 단절이다. 살아있다는 것은 무엇을 의미하는 것인가? 이 질문에 지적인 삶의 한 부분이 존재한다. 우리는 다음 장에서 그 성격을 살피게 될 것이다. 그런데 그것은 무엇보다 영적인 삶을 의미한다. 살아있다는 것은 인간의 모든 상황이 하나님 앞에서 노출되어 있음을 말한다. 즉 그것은 구체적으로 우리의 세상이 없애기를 원하고, 우리가 잊을 수 있도록 하길 원하는 것이다. 세상은 물질주의, 영성주의, 초현실주의, 실존주의, 본질주의 등 세상의 온갖 철학들과 사상들을 동원하여 이 사실을 잊게 하려고 애쓰며, 또 우리가 충분히 언급했던 구체적인 행동을 통해서 잊게 하고 있다. 인간의 모든 영역 속에는, 그가 사는 전체 상황에 들어가 있는 것을 회피하기 위한 엄청난 노력이 있다.

교리의 진리들, 우리는 그 삶의 깊이를 알지 못한다. 다시 말해, 피조물과 하나님의 형상, 공의에 의해 심판받고 정죄된 피조물, 사랑에 의하여 용서받고 구원받은 피조물, 유일하고 대체 불가능한 피조물. 이 피조물은 하나님의 아들이 그 각각을 위해 죽었기 때문에 유일하다. 이 피조물은 거룩함 속에서 그리스도인의 자유를 누리도록 부름을 받았으며, 창조주의 영광을 위하여 자유로운 삶을 되찾았다. 또 이 피조물은 지성 가운데 마음이 새로워지기 위해, 그리고 자신 안에 하나님의 진리를 담고자 부름을 받았다. "너희 몸은 성령의 전인 줄을 알지 못하느냐."고전6:19 "너희가 천사들을 판단할 것"고전6:3이기 때문에 이 피조물은 만물을 판단하기 위해 부름을 받았으며, 만주萬主의 주님의 영광스런 재림에 참여하기 위하여 부름을 받았다. 이 모두는 우리 안에 계신 성령의 삶으로부터 나온다. "너희가 사망에서 생명으로 부름을 받았다". 다른 삶은 없다. 우리는 성령의 삶을 살아야만 하고, 성령의 삶이 세상의 영의 영향력 속에서 메마르도록 하지 말아야만 한다.

그러나 우리를 구속하는 것은 우리가 기계적인 수단이라는 이성적 방식으로 행동을 생각한다는 것이다. 우리는 이제 행동을, 성서 속에서 끊임없이 우리에게 환기시키는 방식, 즉 활동하는 씨앗, 밀가루 반죽을 부풀리는 누룩, 어둠을 몰아내는 빛 등등으로 생각하지 않는다. 그렇지만, 성령이 활동하는 것은 이와 같은 방식이기 때문에, 바로 이와 같은 행동이 우리에게 요구된다. 따라서 탁월한 혁명적 활동이란, 모든 결과와 모든 우여곡절을 동반하여 산다는 사실이다. 그것은 동시에 목적과 수단들이라는 이 문제의 해답이다. 삶이 무엇인지 더는 알지 못하는 문명 속에서, 그리스도인이 유용하게 할 수 있는 일은 구체적으로 사는 것이다. 믿음 안에서 이해된 삶은 엄청난 폭발력을 갖고 있다. 우리는 효율만을 생각하지만, 삶은 효율적이지 않기 때문에 더는 그 폭발력을 깨닫지 못한다. 그렇지만, 믿음의 삶만이 기술의 모든 비효율성을 폭로함으로써 현대 세계의 파열을 불러일으킬 수 있다.

결론적으로 내가 '삶'을 말할 때, 비법을 전수하는 신비주의나 신비 철학의 생기론生氣論 등을 염두에 두고 말하는 것이 아니다. 나는 단순히 우리 안에서 활동하고, 우리의 말과 습관과 결정을 통하여서 우리의 실생활 속에서 활동하시는 성령이 구체적으로 표현됨을 의미하는 것이다. 따라서 우리가 할 일은, 세상 속에서 두 발로 서 있는 인간에게, 개인의 완전한 삶이 무엇을 의미하는지를 재발견하는 것이

다. 하나님이 그를 발견하셨기 때문에, 그 또한 그의 이웃을 재발견하게 된다. 성령이 강하게 임하실 때, 우리는 이 하나님의 사역에 대한 해답을 받는다. 우리는 앞으로 진보하는 것에 대해 아주 더 확신하기 때문에, 그리고 이 진보가 더는 우리에게 달렸지 않기 때문에 실망했다. 목적과 수단들이 우리의 차원에서 결정되는 것이 아니다. 우리는 그 끝을 알 수 없는 열린 길 위에서 주저하게 된다. 오직 우리는 하나의 확신만 있다. 그것은 하나님이 보증하는 명령으로서 우리를 위해 만들어진 약속이다. "먼저 하나님나라와 그의 의를 구하라. 그리하면 이 모든 것을 너희에게 더하시리라."마6:33

요약하면, 우리가 지금까지 말한 모든 것, 즉 목적과 수단들, 목적과 수단들 사이의 일치가 갖는 종말론적 특성과 결과가 우리에게 달려있지 않다는 사실, 행동이 아닌 삶의 필요성, 이 모든 것은 바로 예수의 이 말씀에 대한 해석이며, 오늘의 적용에 불과하다. 오늘날 우리는 실제로 이 모든 것을 더하실 것이라는 약속을 의지하여서만 살 수 있다. 그것은 우리에게 약속되었음과 동시에 이미 주어진 것이다.

넷 의사소통

1) 믿음은 지성을 새롭게 한다. 기독 지식인은 절대 사물, 세상, 그들의 현실, 인간존재에 대해 세상과 같은 철학과, 같은 지성을 가질 수 없다. .
2) 현 세대를 따르지 않는 것은, 더는 세상과 같은 방법으로 사물을 이해할 수 없기 때문이고, 우리의 지성이 변화되었기 때문이다.
3) 우리 지성을 활성화하는 분이 성령님이며, 우리가 새로운 사고방식, 우리가 사는 세상에 대한 새로운 이해를 발견하도록 하는 분도 성령님이다.
4) 이 변화는 하나님의 뜻을 분별하는 것을 최종 목적으로 한다. 특별히 윤리영역에서 하나님의 뜻을 분별하는 것이다.

의사소통

기독 지식인의 직무

이 제목은 지적인 어휘에 익숙지 않은 사람들에게 수수께끼처럼 보일 수 있다. 사실 여기서 제기된 문제는 대단히 단순하다. 즉 기독 지식인의 상황과 직무에 관한 문제이다. 그런데 이 문제와 관련하여 다음과 같은 질문을 더 제기할 수 있을 것이다. 기독 지식인의 상황과 직무가 기독 지식인이 현대 세계에서 존재하는 것과 어떤 관계가 있는가? 지식인들은 더도 덜도 말고 다른 성도들처럼 교회의 구성원들이 아닌가? 그들은 세상의 지혜를 대단히 강하게 책망함에도 불구하고 고전1-2장 여전히 어떤 우월감을 느끼고 있다고 생각하는가? 다른 측면에서 우리는, 이미 지식인들의 연구에 의해, 특별히 매우 지적인 새로운 신학 속에서 이미 압도당하지 않았는가!

기독 지식인은 교회 안에서 다른 성도들과 마찬가지로 평신도이라는 것은 정말 사실이다. 그러나 그는 지식인으로서 세상과 동시에 교회 안에서 수행할 다소 독특한 역할을 분명코 가지고 있다는 점, 또한 사실이다. 그는 자신의 지적 소명이 그로 하여금 자신의 신앙을 사유하도록 요구하기 때문에, 신학적 사고를 하는 것을 피할 수 없다. 그러나 그는 평신도이기 때문에 신학의 전문가여야 하는 것은 아니다. 말하자면 그는 사변적인 신학을 공부해야 하는 것은 아니다. 그러나 그는 세상의 활동들을 통하여 세상에 참여하기 때문에, 그는 일종의 실천신학을 공부해야만 한다. 그는 세상 속에 참여한 그리스도인의 상황을 아주 정확하게 사유해야만 하고, 세상과의 관계 속에서 그의 믿음을 사유해야만 한다. 그러므로 그는 누구도 그의 자리를 대신할 수 없는 대단히 구체적인 역할을 가지고 있다. 게다가 우리가 사는 타락한 문명 속에서, 기독 지식인은 세상을 위한 아주 특별한 사명이 있으며, 그것을 여기에서 살펴보려고 한다. 사실상 내 과제는 세상에서 존재한다는 것을 생각해보는 것이지, 교회 내에서 역할을 생각하는 것은 아니다. 나는 기독교 문화 혹은 소위 "전문적인 신학" 문제들은 논의에서 제외할 것이다.

 그러나 내가 서두에서 언급했던 기독 지식인들을 평신도와 구분하는 것에 대한 이의제기 속에서 한 가지 강조할 사항이 있다. 즉 지식인은 교회 안의 다른 사람들과 같다는 것은 사실이다. 너무 지적인 신학을 소개하는 것은 잘못이다. 그러나 교회의 대중은 사고하는 것을 잊은 것이 아닌가? 그렇지만, 하나님이 지성을 정죄한다고 믿어서는 안 된다. 이것은 지성을 옹호해서 하는 말이 아니라, 단순히 우리가 전체적 상황을 이해하기 위한 자료들을 잘 제시하는데 도움을 주려는 것이다. "현 세대를 따르지 말고, 하나님의 뜻이 무엇인지 분별

하기 위하여 지성의 새롭게 됨에 의하여 변화를 받으라."롬12:2 또한 "만약 너희가 가르침을 받은 것이…. 예수 안에서라면, 너희 지성의 정신으로 새롭게 되어…."엡4:21-23 또 다른 본문들을 인용하는 것은 우리에게 쉬운 것이지만, 이 구절들만으로도 다음 사항을 보여주기에 충분하다.

1) 믿음은 지성을 새롭게 한다. 그런데 그것은 이해하고, 사물을 관찰하고, 추론하는 방식의 변화를 의미할 수 있다. 기독 지식인은 절대 사물, 세상, 그들의 현실, 인간존재에 대해 세상과 같은 철학과, 같은 지성을 가질 수 없다. 또 절대 같은 방식으로 그것들을 포착할 수 없고, 같은 관점 속에서 그것들을 볼 수 없다. 이것은 구체적으로 무엇을 의미하는가? 기독 지식인들 각자가 자신의 연구에서 발견해야만 하는 것이 바로 그것이다.

2) 이 변화는 현 세대와 관계된다. 즉 변화는 오늘날 아이온17)과의 분리점, 혹은 분리되는 결정적인 장소이다. 현 세대를 따르지 않는 것은, 더는 세상과 같은 방법으로 사물을 이해할 수 없기 때문이고, 우리의 지성이 변화되었기 때문이다. 이것은 지식인이 교회 안에서 해야 할 가장 중요한 교육자의 역할을 보여준다. 아마 이것이 교회에서 학자들의 역할일 것이다.

---

17) [역주] 그노시스(gnostiques)파가 주장한 영구 불변의 힘이다. 지상 존재에서 나온 이 힘으로 지상 존재는 세계를 다스린다. 결국 이 힘은 현재 세상을 지배하는 시대정신이다.

3) 변화는 예수 그리스도 안에서 성령의 활동으로 일어난다. 따라서 이 변화는 순수한 지적인 작용이 아니라, 지적으로 표현되는 삶의 변화이다. 이것이 바로, 세상의 다른 철학과 관련된 문제가 아니라고 말하면서 내가 표현하길 바라던 것이다. 이제부터 우리 지성을 활성화하는 분이 성령이며, 우리가 새로운 사고방식, 우리가 사는 세상에 대한 새로운 이해를 발견하도록 하는 분도 성령이다.

4) 이 변화는 하나님의 뜻을 분별하는 것을 최종 목적으로 한다. 특별히 윤리 영역에서 하나님의 뜻을 분별하는 것이다. 왜냐하면, 우리 본문은 우리에게 "좋고, 편하고, 완전한" 것에 대하여 말하기 때문이다. 따라서 이것은 추상적이고 혹은 일반적인 하나님의 뜻 혹은 하나님의 본질에 대한 이해를 말하지 않는다. 그러나 문제는 사람들 가운데서 활동하는 세상을 위한 하나님의 뜻을 발견하는 것이며, 또 다른 한편으로, 인간이 하나님의 뜻에 따라 살려고 세상 안에서 할 수 있고 해야만 하는 것에 대해 이해하는 것이다.

1장

설명적 신화

지식인의 삶의 영역 안에서 우리 시대의 두드러진 사실은, 세상이 그에게 만든 현실 상황을 자각하는 것에 대한 일종의 거부인데, 이것은 무의식적이지만 일반적으로 널리 퍼져 있다. 그는 진실로 현대 세상을 구성하는 것을 보는 것을 거부한다. 그것은 특히 지식인들에게 두드러진 현상이지만, 우리 시대와 우리 문명 속에서 살아가는 모든

사람에게 해당하는 현상이다. 우리는 마치 인간이 자각하는 것을 막고, 또 현실을 무의식적으로 거부하거나 혹은 비현실 속으로 도피하도록 인간을 몰아넣으려고 구축된 거대한 기계 앞에선 것 같은 인상을 받게 된다. 지적인 삶의 영역에서 현시대의 극적인 특징은, 인간이 외적 현상만을 파악한다는 점이다. 그는 외적 현상만을 믿고, 그 안에서 살고, 그것을 위해 죽는다. 인간을 위한 인간의 참된 실제 모습, 또 인간을 둘러싼 사실들의 실제 의미, 이 모든 실재는 사라진다.

20세기 인간은 현상과 설명적 신화 사이, 즉 서로 극단적이고 상반된 두 가지 외적 모습 사이를 끊임없이 오간다. 그런데 이런 사실이 발생하는 것은 인간역사의 과정 속에서 처음이라고 말할 수 있다. 현상은 어떤 사실이 외적으로 제시되는 것이라고 할 수 있다. 우리 시대 사람들은 신문, 라디오, 텔레비전, 선전, 광고가 주는 표상들만을 볼 뿐이다. 현대인은 더는 자기 경험, 자신의 판단, 자신의 생각을 믿지 않는다. 그는 인쇄된 종이, 음파 혹은 텔레비전 영상에 자기 판단을 일임한다. 그의 눈에는, 사건이 신문에 보고되었을 때만이 사건이 사실이 된다. 사건은 활자가 더 굵을수록 더 중요하다. 그가 본 것은, 그것이 공식적으로 해석되지 않거나, 그것에 믿음을 부여하는 대중이 없다면, 중요하지 않은 것이다. 지나치게 단순화된 것처럼 보이는 이 확증은 사실 모든 선전활동의 기저를 이루는 것이다. 예를 들어 어떤 사실은 거짓이지만, 그것을 백만 부를 찍은 신문에 인쇄했다. 천 명은 그 사실이 거짓이라는 것을 알지만, 9십 9만 9천 명은 그것이 사실이라고 믿는다. 바로 그것이 내가 '현상' 혹은 '외적 모습'으로 부르는 것이며, 이 '현상'과 '외적 모습'은 현대인이 **절대적으로** 붙잡고 아는 것이다. 왜 '절대적'인가? 왜냐하면, 그는 날마다 매우 제한된 수의 실제 경험을 하고, 너무 자주 그것을 습관적으로 취하여, 그것을 알아차리기조차 못하기 때문이다. 반면에 매일 그는 신문, 텔레비전을 통하여 많은 소식과 매우 중요하고 흥미를 자극하는 소식들을 알게 된다! 어떻게 당신은, 서양자두 혹은 면도날의 우수한 질과 관련된 작고 개인적인 경험들이 핵폭탄, 유럽의 운명 혹은 선진국과 후진국 관계, 파업 등과 관련된 중요한 환상들의 홍수 속에서 묻혀버리지 않기를 바라는가? 그런데 이런 이슈들이야말로 그 실체를 전혀 알 수 없는 사실들이다.

이처럼 현대인의 삶과 생각이 되어버린 것은 바로 이러한 외적 모습들이다. 이것은 지적인 관점에서 매우 중요한 결과를 가져온다. 그것은 검증할 수 없는 영상들의 홍수 속에 갇힌 현대인은 그 영상들을 절대로 지배할 수 없다는 점이다. 왜냐하면, 뉴스들이 끊임없이 다른 뉴스로 이어지면서도, 영상들은 서로 연결되지 않기 때문이다. 어떤 사건이 나타났다가, 독자의 뇌리에서 사라지는 것처럼, 신문의 기사란 혹은 스크린에서 사라진다. 그 사건은 다른 사건에 의하여 대체되고 잊힌다. 인간은 이처럼 현재도 과거도 없이 사는 것에 익숙해졌다. 그는 완전히 일관성이 없는 상태로 사는 것에 익숙해졌다. 왜냐하면, 지적인 모든 활동이 과거도, 미래도, 현재도, 영속성도 없는 순간적인 영상에 붙들려 있기 때문이다.

그런데 이 현실 속에서, 손만 내밀면 닿을 만한 곳에 있는 '참된 사실들'은 완전히 가려져 있다. 사람들은 이 참된 사실들에 외적 모습을 부여할 수 없다. 그래서 참된 사실들은 존재하지 않는 것이나 다름없다. 계급 독재를 위한 것이 아닌 사회계급, 대도시18) 혹은 도시화 문

---

18) 자끄 엘륄, 『머리둘 곳 없던 예수 *Sans feu ni lieu*』(대장간 역간)를 보라.

제를 위한 것이 아닌 대중교통과 같은 사실이 이와 같다. 사람들이 주목하는 것은 그렇게 심각할 정도의 중요한 사실은 아니다. 즉 정치, 군사, 경제적인 사실, 민주조직, 프랑스군 혹은 공산군의 성공, 유엔, 국유화, 민영화 같은 다양한 사실들이다. 이 모든 다양한 사실들은 우리가 그것들에게 부여한 외적 모습 때문에 인간의 열정의 대상들이 된다.

한편, 인간은 분명히 어떤 일관성이 있어야 한다. 그는 불규칙하고 일관성이 없는 이미지를 이해하지 못한 채, 미친 듯이 변화하는 것을 입력만 하고, 그저 조용히 사물을 바라보는 존재가 되는 것으로 귀착될 수 없다. 그에게 논리적인 관계가 필요하다. 그는 이 모든 명백한 사실들 속에 일관성을 요구한다. 그런데 이것은 사실들의 진정한 일관성일 수 없다. 왜냐하면, 일관성을 요구하는 것은 우리가 가진 피상적 관점만이 아니라, 사실들에 대한 정확한 지식과 놀랄 만큼 깨어 있고 방대한 지성을 요구하기 때문이다. 그런데 대중매체와 선전 수단들이 발달하면 할수록, 다른 사람들과 비교하여 지식인들의 비율은 감소 될 것이며, 뉴스와 현상을 단순화하거나 간략하게 만드는 것이 필요해진다. 또한, 다양한 사실들을 연결짓고, 그 사실들을 설명해 주는 것이 시급하게 요청된다. 그러나 이 연결과 설명은 중간수준의 독자에게 맞춰줘야 하는데, 이 수준은 자동으로 점점 낮아지고 있다.

이것은 사실 같지 않은 우리의 현 지적상황의 또 다른 극단, 즉 '설명적 신화'로 이끈다.19) 한편으로 이 설명적 신화는 정치적 특성이

---

19) [역주] 자끄 엘륄에게 미디어를 통해 만나는 시사뉴스들은 맥락없는 정보의 조각들일 뿐이다. 그것은 무의미한 이미지로 구성된 엄연한 '사실들'이다. 그러나 이 사실들은 어떤 맥락이 주어지지 않기 때문에 전혀 의미를 만들지 못한다. 그것 자체로는 아무것도 아니다. 그런데 현대인은 조각난 정보의 파편들에 의미를 부여하고자

있고, 신비적이고 영적인 필요성을 갖추고 있으면서, 우리의 모든 지적 체계를 떠받치는 진정한 지주支柱이다. 사람들은 이 신화를 독재체제와 연관된 우연한 도구 정도로만 간주하지만, 실상 이것은 모든 현재 정치 형태와 우리의 종교영역에서 핵심적 요소이다. 난잡한 외적 현상들을 접하게 되고, 그 단편적인 사실들에 논리적 일관성을 주어야 하는 필요성 때문에, 단편적인 외적 현상들 전체를 설명하도록 하는 새로운 외적 현상을 통해, 관객의 처지에서 사실들을 연결하려고 한다. 영적인 뿌리를 가진 이 새로운 외적 현상은 절대적으로 맹목적 신뢰에 의해서만 받아들여지는데, 이것은 모든 비밀을 열고, 모든 사실을 해석하고, 현상의 소용돌이 속에서 이 사실들을 인식하는 데 사용되는 지적인 열쇠가 된다. 우리는 이 모든 설명적 신화를 안다. 즉 모스크바 세력의 부르주아 신화, 200가족에 대한 사회주의 신화, 유대인들에 대한 파시스트 신화, 반혁명적 태업을 하는 사람에 대한 공산주의 신화 등등 말이다. 그러나 명백하게 매우 심각한 것은, 현대인은 이 신화 이외에 더 지적인 일관성과 정치적 평가를 위한 어떤 다른 수단을 소유하지 않고 있다는 사실이다. 만약 그가 이 신화를 버린다면, 그는 그가 사는 세계에서 분리된다. 물론 그는 계속 개인적인 자신의 삶을 살 수 있겠지만, 그것은 자살로 문제를 해결하는 방식이다. 왜냐하면, 그는 우리가 건설했던 세상에서부터 벗어날 수 없기 때문이다.

    게다가 이 신화는 우리가 완전한 분석을 하려고 애쓰지 않았으나, 우리 동시대 사람들의 사고와 의식에 안정감을 준다. 그러므로 이 신

    헛된 신화를 구축하고 있다. 그리고 대중은 사실로 포장된 이 신화에 지배당하면서 자신이 세상의 현실을 가장 잘 안다고 착각하고 있다.

화는 이해와 일관성의 수단일 뿐만 아니라, 사실의 흐름 가운데서 유일하게 고정된 것처럼 보이는 요소다. 그것은 현대인에게 스스로 사고하는 피곤함, 의심과 의문을 제기하는 불안함, 이해의 불확실함과 거리끼는 양심의 고통을 회피하게 한다. 얼마나 엄청난 시간과 수단의 절약인가. 현대인은 이렇게 절약한 시간과 수단을 여분의 미사일들을 생산하기 위하여 유용하게 사용할 수 있을 것이다. 우리 시대 사람은 거리낌 없는 양심을 가졌다. 왜냐하면, 그는 모든 것에 해답이 있기 때문이다. 또한, 그에게 발생한 일과 그가 행한 일은, 그에게 제공된 신화로 설명해야 하기 때문이다. 이런 과정은 현대인이 현재 존재하는 가장 완벽한 비현실성으로 몰아간다. 그는 영원한 환상 속에 산다. 그러나 이 환상은 셀 수 없는 사실과 이론으로 구축된 현실주의자의 환상이다. 그런데 이 사실과 이론은 죽기 전에 대중매체에서 벗어날 수 없는 "인간매체"인 현대인이 모든 힘을 다해 믿는 것이다.

현대인의 지적 상황

현대인이 피할 수 없게 된 것처럼 보이는 이와 같은 상황이 발생하게 된 원인은 무엇인가? 모든 사실 전체가 그것을 설명하는 방향으로 가고 있다. 먼저, 현대세계의 극단적인 복잡성에 원인이 있다. 우리가 점점 진보하면 할수록, 현대세계는 다양한 성질을 가진 기관들, 즉 복잡하게 얽혀 있으나 모두 똑같이 중요해 보이는 기관들로 형성되었다. 그래서 이 기관들을 알고 그것들 모두를 포착한다는 것은 불가능하다. 따라서 사람들은 우연히 이 숲 속에서 헤매고 있다.

다음으로, 사실들을 접하기 위하여 마음대로 활용할 수 있는 인식 수단들의 영향력이다. 대중매체들은 본질적으로 그 속성에서 기계적이며, 작동되려면 상당한 자본투자를 전제로 한다. 그 결과, 대중매체는 의무적으로 개인 자본 혹은 국가 자본에 의존한다. 수단들에 대한 이 두 가지 특징들은 정치적 혹은 경제적 결과를 가져온다. 즉 수단들의 기계적 성격은, 사건의 외형적 측면에만 매달릴 수밖에 없게 한다. "기술적으로 다른 것은 안 되고 텔레비전으로 전달할 수 있는 것"이 있다. 사람들은 그 한 측면만을 알 수 있다. 따라서 이 두 조건은 실제 사실들 가운데서 기계적으로 선택하도록 한다. 이제 전달 수단이 요구하는 것에 들어맞는 것을 찾는 것이 문제이다. 결국, 수단의 기계적 속성이 의미하는 바는 전달되는 사실들이 가지는 의미보다는, 대중적 단정을 의무적으로 사용하게 하는 것이고, 논리적으로 따지는 것이 아니라 일방적인 이런 단정을 사용해야 한다는 것이다. 왜냐하면, 사람들은 기계적 수단에 의하여 행동함으로 말미암아, 그들은 대중에게 직접 호소하기 때문이다. 수단의 재정적 종속은 퍼져 있는 사실들을 선택하면서 불공평을 일으키고, 감추어진 전제들에 근거하여 조명되는 세계의 한 측면만을 제시할 뿐이며, 모든 영역과 모든 사람에게 이 수단들을 점차 적용하게 한다. 왜냐하면, 그것은 일이 재정적 수익을 얻기 위한 조건이다. 그 일이 "개인적 정보"와 관련된다면 재정적 수익으로 이어지며, "국가적 정보"와 관련된다면 정치적 수익으로 직결되는데, 이것은 마찬가지이다.

 셋째 설명요소는, 사회가 우리 마음대로 사용할 수 있도록 놓아둔 인식수단들의 압도적인 속성에서 유래한다. 우리는 대중매체를 통해 우리에게 전달된 정보들을 부인할 수 없다. 비록 개인적으로 그 정보들을 의심할지라도, 강력한 증거에 의해 자극받은 대중의 지지를 막지 못한다. 대중매체와 토론한다는 것은 말도 안 된다. 대중매체의 힘

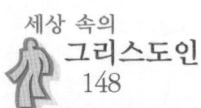

은 그것이 어떤 조건 속에서 사용될 때는 절대적으로 불가항력이다. 전문기관들은 점점 구체적인 방법으로 이 조건을 정의하려고 애쓴다.

마지막으로 우리는 빠스깔이 사용한 의미에서 '오락'이란 어휘를 명확하게 생각해 보아야 할 것이다. 오늘날 모든 사람은 문명에 의한 즐거움에 빠진 사람이다. 놀이부터 심각한 사업까지 모든 우리 문명은, 이 오락에 의하여 모든 것을 생각했던 것 같다. 내가 "인간을 의식이 없는 존재로 만들기 위한 노력"에 대해 말하면서 의미한 바가 바로 이것이다. 삶의 방식, 오락, 직업, 정당 등, 이 모든 것에 현대인은 마음을 깊이 빼앗겨서, 그는 더 쉽게 정보획득 수단인 대중매체를 위한 먹이가 된다. 이 수단들은 그것을 사용하지만, 사색과 성찰을 깊이 할 수 없는 사람들에 의하여 강화되었다. 현대인은 이 현상들과 현상에 대한 명백한 설명에 만족한다. 왜냐하면, 텔레비전과 라디오가 전파한 정보들이 그들을 즐겁게 하는데 많이 이바지하기도 전에, 사람들은 즐겼기 때문이다. 이처럼 현대인이 처해 있는 지적 상황은 극도로 심각하다. 비록 이전 역사의 어떤 시대보다, 그가 더 많은 것을 알고, 더 많은 수단을 가지고 있으며, 이론적으로 더 진보되었을지라도 말이다. 그런데 현대인은 설명의 환상과 사실의 거품 속에서 발전한 것이다.

그렇지만, 어떤 사람들은 다음과 같이 판단할 수 있을 것이다. 즉 그것은 현대 지식인의 상황이 아니고, 아마도 거리의 평범한 사람의 상황일 뿐이라고 판단할 것이다. 그러나 실제로 지식인도 방식은 다를지라도 이 상황에서 전혀 빠져나갈 수 없다.

지식인은 매우 쉽게 설명적 신화의 무용성을 간파할 수 있다. 그는 그 신화를 거부하고, 지나친 "단순주의"와 현대의 미천한 교조주의를 버릴 수 있다. 그러나 이런 것들을 거부하고 나서도, 지식인은 삶의 모든 영역에서부터 그에게 다가오는 정보매체 앞에서 분명히 무기력해질 수밖에 없다. 그는 신화를 거부할 수 있지만, 현실을 파악할 수는 없다. 따라서 "현상"과 "신화"라는 두 극단적인 축들을 중심으로 주위에 형성된 오늘날의 지적 체계에 대해, 지식인은 이 두 축 중의 하나, 즉 현상을 취하지 않을 수 없다. 그런데 이것이 그의 사고의 균형을 완전히 잃게 한다. 그런데 그는 이런 입장을 취할 수밖에 없다. 왜냐하면, 현상은 그에게 달려있지 않기 때문이다. 그러나 이 입장에 서면서도 이 지식인은, 자신이 겉모습만을 문제 삼고 있다는 사실을 정확히 인식하고 있을 수 있다. 그는 다른 사람들이 사실이라고 믿는 것에 대한 비현실성을 정확히 이해할 수도 있다. 그러나 그는 여전히 이 현실을 파악할 수 없다.[20] 그렇다고 한다면 지식인은 무엇을 해야 할 것인가? 어떤 사람들에게 해결은 지적 자살이다. 즉 눈을 감고 대중과 같아지려고 신화를 받아들인다. 그들은 다음과 같은 궤변에 순복한다. "틀림없이 현상과 신화는 사실과 일치하지 않지만, 사람들이 그것을 믿는 순간부터 그것은 현실이 된다. 우리가 천착해야만 하는 것은 바로 이 현실이다". 그것은 공산주의자와 파시스트 지식인들이 가진 역설이다. 물론 이 진영에서 지식인들은 많지 않다는 것은 사실이다! 이것은 바로 존재 이유를 찾기 위한 지적 양심과 사고의 명료성에 대한 자살이다. 그래서 지식인은 자신이 믿는 신화, 예를 들어 "인간의 항존성" 혹은 "역사의 변증법"과 같은 신화를 끌어들이면서 자신의 자살을 허울 좋은 화환으로 꾸밀 것이다.

---

[20] J. Ellul, 『말의 굴욕 *La parole humiliée*』을 보라.

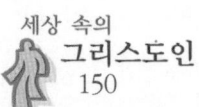

다른 지식인들도 역시 지적 자살을 선택한다. 현상은 우리를 심하게 압박하면서 밀려든다. 그래서 그가 우리 시대의 정치적, 사회적, 인간적 현실에 대해 진실한 시각을 갖는 것이 매우 불가능해졌다. 인간은 외적 현상 속에서 피상적으로 진보하기 때문에, 그것을 제대로 깨닫는 사람은, 다른 것을 알 수 있다거나, 영원한 움직임 속에서 어떤 통일성을 찾고자 하는 것에 대해 절망한다. 그래서 지식인은 점차 외적 현상 배후에는 어떤 실재도 존재하지 않는다거나, 만약 한 가지가 존재한다 할지라도, 그것은 완전히 파악될 수 없고, 인간 존재에게 불합리한 것으로 생각하게 된다. 따라서 우리는 그림자 속에서 헤매고 있기 때문에, 설명과 통일성을 찾는 것은 필요가 없는 일이 된다. 왜냐하면, 모든 것이 눈에 보이는 겉모습 형태로 우리가 이해하도록 제시되고 있기 때문이고, 모든 것이 이미 해석되었기 때문이다. 이 사실들의 실재를 알 수 없는 지식인은, 어떤 사실을 타당하거나 확실한 것으로 받아들이길 거부한다. 이처럼 그는 그가 속해 있는 세상에 대한 의식을 잃어가게 되었다. 그것은 절망한 영웅주의나 초현실주의적 예술 애호주의로 다양하게 나타난다. 어쨌든 그것은 사실의 상황이 불러일으킨 절망에서 기인한 지적 자살이다.

직접적으로든지 간접적으로든지 현대 모든 지식인은 모두가 지적 자살의 입장과 연관되어 있다. 특별히 지적 자살이 빠리 지식인층 사이에서 언급될 때에 두드러지게 나타난다. 그러므로 지식인의 상황은 특별히 부러워할 만 것이 못된다. 이 상황은 우리 시대에 더 위태로운데, 우리 시대는 많은 '출구'가 있고, 소설가들이 많은 돈을 벌며, 그만큼 많은 교양인과 기술자들이 필요한 시대이다. 이 위태로움은 절대 물질적 조건에서 기인한 것이 아니라, 지식인이 자기 직업을 영

위해야만 하는 이 시대의 지적이고, 심지어 영적인 조건에서 기인하는 것이다. 말하자면 지식인은 더는 외적 위험, 즉 물질적 조건이 아니라, 내적 위험, 즉 정신적 조건에서 위협받고 있다. 그렇지만, 여기서 이 문제를 다루려고 멈출 수는 없다. 이제까지 우리는 우리 시대의 지적 환경 변화의 여러 측면 중에서 한 가지를 살펴보았다. 이와 못지않게 심각한 또 다른 측면을 살펴보자.

우리 시대 지적 변화의 한 양상

지금까지 지성은 세상과 인간에 대한 다양한 표현방식과 조종방식들을 가지고 있었다. 우리 시대에 지성은 우리 문명에 맞는 하나의 표현 방식을 찾았는데, 그것은 새로운 특성이 있으나 불안한 특성도 가지는 기술이다. 기술이 활동의 모든 영역을 침투하였듯이, 마찬가지로 지성의 영역에서도 기술을 발견하게 된다. 물론 여기에서 기술이란 용어는 가장 넓은 의미로 취해야만 한다. 왜냐하면, 우리는 단지 과학적 기술만이 아니라, 포크너21)처럼 이전보다 더 광범위한 문학적, 사회학적, 법률적, 역사적 기술을 말하려고 하기 때문이다. 사실상 지성의 모든 영역은 기술자들에 의하여 연구되었다. 물론 이것은 항상 기술에 의해 나타난 장점들이다. 즉 명료성, 신속성, 확실성, 발전성, 보편성이 바로 그것인데, 이것들은 모두 능률성을 표현한 속성

---

21) [역주] 윌리엄 포크너(William Faulkner)는 1897년 미시시피주의 뉴올버니에서 출생하였고 옥스퍼드에서 자랐다. 그는 1949년 노벨문학상을 수상하였으며, 퓰리처상을 두 차례나 수상하였다. 그는 *Soldier's pay, Mosquitoes, Sartoris, The sound and the Fury* 등 여러 작품을 통해서 미국 남부사회가 변천해온 모습을 연대기적으로 묘사하였다. 그는 19세기 초부터 20세기의 1940년대에 걸친 시대적 변천과 남부사회를 형성하는 것으로 생각되는 대표적인 인물들을 작품에 등장시켜 부도덕한 남부 상류사회의 사회상을 고발하였다.

들이다.

　기술이 반지성적이라고 말하는 것이 아니다. 우리는 쉽게 지성은 기술이 되었다고 반대로 말할 수 있을 것이다. 이런 지적 상황에 대하여 슬퍼하는 것은 불필요하지만, 이 상황을 알아야만 한다. 다른 영역처럼 여기서도 기술은 지성이 마음대로 사용하게 된 도구이다. 그러나 목적과 수단들에 관한 연구를 마치고 나니까, 이것이 우리를 안심시키지 않는다. 왜냐하면, 현대 지성에 대한 이 도구의 효력이 지성을 부식시킨다는 점은 명백한 사실이기 때문이다.

　놀라운 것은 기술이 우리 지성의 포괄적 수단인 것처럼 보이는 것이다. 모든 활동 속에서 지적인 행동이 문제이거나, 세상에 대한 지배 혹은 자신에 대한 성찰이 문제일 때, 기술적 방법이 있기 마련이다. 이 방법이 더 빠르고 더 효율적이고 더 실제적이기 때문에, 이 방법은 현대 지식인이 사용할 수 있는 유일한 길이다. 더는 선택의 여지가 없다. 현대 곤충학자는 이제는 파브르[22])처럼 연구하지 않고, 역사학자는 꼬민[23])처럼 연구하지 않는다. 왜냐하면, 최상의 좋은 결과들을 제공하는 구체적인 기술들이 있기 때문이다. 만약 이 기술들을 사용하지 않는다면, 어릿광대[24])는 아니지만, 아마추어로서 여긴다. 사실상 기술이야말로 오늘날 지성이 진실로 표현되기 위해 사용하는 유일한

---

22) [역주] 앙리 파브르(Henri Fabre)는 프랑스 곤충학자·박물학자이다. 갑충류나 벌류를 중심으로 많은 곤충들의 집만들기, 먹이먹기, 유충기르기 등 복잡한 습성을 상세하게 관찰, 기록하여 문학작품으로서도 높이 평가된다.
23) [역주] 필립 드 꼬민 (Philippe de Commynes)는 중세유럽의 정치가이자 연대기 작가이다. 코민의 『회상록』(1524)은 중세 여러 역사책 중에 가장 훌륭한 것으로 꼽힌다. 이 책에는 그의 작가로서의 재능, 특히 심리포착능력과 사실적인 감각, 생생한 설명 등이 잘 나타나 있다.
24) [편집자주] 전자기술과 정보처리기술의 눈부신 발전덕분으로 이제 더 이상 그렇지 않을지라도, 1950년에는 그렇게 취급을 받은 것이 사실이었다.

길이라고 말할 수 있다. 이것은 영화에서처럼 직접적으로든지, 현대 미술에서처럼 간접적으로든지, 예술 자체에서 명백히 나타난다. 그런데 현대 미술은 사실상 사진술, 즉 기술문제에 단호한 태도를 보여 구별하려는 강박관념 상태에 있다. 그런데 지성이 변화시키고, 굴복시키고 명백히 복종시킬 수 있는 이 도구는 다른 모든 것을 배제하기 때문에, 사실상 지적 행동에 대해 심각한 변화를 이끌어 냈다. 그것은 절대적이 되었다. 지성이 직관에 의하여 표현될 수 있다는 사실은 추상적으로는 인정되지만, 대단히 놀라울 정도로 정확한 이 도구와 들어맞을 수 없다. 이 기술의 제국주의를 깨닫게 하는 것은, 예를 들어 세상의 지식과 세상에 대한 행동방식과 대면한 현대 지식인의 태도이다. 즉 현대인의 지식과 행동방식은 인디언 혹은 티베트 사람들의 방법론처럼 다른 방법론으로부터 온 것이다. 즉 인디언 혹은 티베트 사람들의 방법론은 현대 지식인에게 사회학 연구대상으로 보이지만, 현실과 진리를 향하여 열린 길로서 인정되지 않는다. 덜 진지한 약간의 계시 받은 사람들, 일반적으로 앵글로 색슨 사람들인데, 그들만이 신비하게 그 길로 뛰어들 따름이다. 그들의 지식획득 방식은 서구의 기술과 어떤 방식으로도 경쟁할 수 없다. 이것은 한 가지 예에 불과하다.

그러나 인간 지성이 기술적 표현과 연관되고, 지식인이 기술자가 되는 경향이 있는 한, 모든 기술적 가능성을 증대시킬 것처럼 보이는 지성인의 활동 영역은 특이하게 줄어든다. 인간의 지성은 지식을 얻는 도구로부터 독립될 수 없어서, 지성은 오늘날 이 도구가 활동할 수 있고 사용될 수 있는 영역에 제한된다.

단호하지 않을지라도, 지적 영역에 관한 일반적인 견해에 따르면,

"진지한 지성주의"와 몽환적 지성주의가 있다. 전자는 사용할 수 있는 지성주의, 즉 기술이며, 후자는 아무도 심각하게 생각하지 않는 지성주의로, 어떤 영역에서도 반향이 없는 지성주의다. 이것은, 그 대상이 예를 들어 신학, 형이상학, 일반적으로 예술분야와 같이 기술적 방법에 적합할 수 없어서, 기술적일 수 없는 지성주의이다.

이것은 현대적이고 일방적인 기술적 방법으로 말미암은 지성의 축소현상일 뿐이다. 그렇게 해서 인간 지성은 밖으로 드러나고, 무게를 달고, 셀 수 있고, 측정되는 것에만 작용한다고 자책하게 된다. 지성은 철저한 물질적 세계 안에서 활동하고, 다른 영역은 부인하는 경향을 보이게 된다. 과거에는 물질주의적 이론일 수 있었던 것이 지금은 지성적 방법론의 결과가 됐다. 이것은 더 심각해진 것이다. 즉 어떤 이론도 논박될 수 있지만, 기술적 방법론을 사용하는 것에 이의를 제기할 수 없어서 더욱 심각하다. 현대인의 지성은 더는 명상과 자각이란 자원으로 먹고사는 것을 중단하고, 지성이 만들었던 도구의 자료들에 점점 더 동조한다. 그런데 이 도구는 기본적으로 물질세계의 변화를 목적으로 한다.

이처럼 자기 직업에 충실한 지식인은 물질주의자가 될 수밖에 없는데, 그것은 이론에 의한 것이 아니라 그가 사용하는 방법론 자체에 의한 것이다. 비록 그가 다른 철학적 입장들을 갖는다고 할지라도, 기술을 사용하지 않고서는 이 입장들이 그의 행동에 아무런 영향을 끼치지 못할 것이다. 기술을 사용한다는 사실은 진지한 지성적 관점이 아니며, 개인적 경력과 자기실현이란 이중적 관점에서 명백히 비극적이다. 왜냐하면, 이 지식인은 진지해지기를 멈출 것이기 때문이다.

합리주의적인 기술을 사용하면서도 진실로 영적이고 인간주의적으로 남아있을 수 있다고 주장하는 사람이 있다면, 그가 현실을 파악하는 명철함이 부족함으로 인해 그가 진정한 지식인이 아님을 스스로 증명하는 셈이 된다. 영적인 요소를 배제하면서 물질적인 세상을 향해 완전히 방향을 맞춘 행동은 필연적으로 지성의 중심에 있는 영적 실재를 궁극적으로 파괴한다. 인간 지성은 점차 그의 방법론의 노예가 되어버리며 다시는 탈출구를 찾을 수 없어 보인다. 지성을 해방할 것 같았던 기술이, 일찍이 인간 지성이 전혀 알지 못했던 가장 최악의 방법으로 지성을 노예화했다. 도그마로부터 해방된 인간지성은 수단의 노예이다. 더는 아리엘과 칼리반[25] 사이의 투쟁과 긴장이 없다. 칼리반은 하나의 시스템을 완성했는데, 이 시스템에서 쇠사슬에 묶인 아리엘은 그의 존재 이유를 찾고, 사실상 칼리반의 힘인 힘에 대한 환상 속에서 기쁨으로 자신의 쇠사슬을 어루만진다.

그러나 분명히 가끔은 거친 반작용이 있었다. 기술과 다르게 지성에 의하여 세상에 대해 영향력을 추구하려는 입체파와 초현실주의가 이와 같다. 그러나 이 반작용들을 실패하게 한 것은, 먼저 이 운동들이 분명히 보이는 현상과 다른 실재의 존재를 부인하고, 객관적인 실

---

[25] [역주] 셰익스피어(W. Shakespeare)의 「템페스트 *The Tempest*」에 나오는 주인공들이다. 줄거리는 대략 다음과 같다. 나폴리의 왕 알론소 일행이 탄 배가 아프리카 튀니스에서 그 곳 공주 클라리벨의 결혼식을 마치고 나폴리로 돌아가는 도중 풍랑을 만나 난파하여 어느 섬에 도착한다. 그 섬에는 12년 전 알론소의 인가 하에 동생 안토니오에 의해 밀라노 공작 자리에서 쫓겨난 프로스페로가 살고 있다. 쿠데타로 쫓겨나 무인도에 표류한 프로스페로는 그곳에서 추악한 야만인 칼리반과 정령 아리엘을 만났다. 프로스페로는 마법을 익혀 마녀 시라코스로부터 아리엘을 해방시켜 자기 지배 하에 둔다. 그러나 칼리반은 프로스페로의 교육에 불응하고 그의 딸인 미란다를 겁탈하려고 시도했기 때문에 프로스페로의 마법으로 강제 사역을 하게 된다. 그렇게 하여 섬의 지배권을 확보한 프로스페로는 그곳에서 쿠데타를 일으킨 사람들이 섬에 표류하자 복수를 하고자 한다. 그러나 칼리반 등의 쿠데타에 부딪치지만 프로스페로는 아리엘을 시켜 그 음모를 분쇄시킨다.

재를 거부하였기 때문이다. 이렇게 하여 우리는 현대의 첫째 지적 타락의 요소 속으로 빠져 버렸다. 게다가 운동이 폭발적으로 탄생하자마자, 이 운동들은 효율성을 걱정해야만 했다. 그래서 이 운동은 현시대의 법칙에 굴복했고 새로운 기술을 추구하였다. 초현실주의 운동과, 초현실주의자들 사이에서 논쟁 사실은 놀라운 것이다. 그래서 사람들은, 비록 다른 스타일을 형성하지만, 본질적으로 같은 속성들을 나타내면서, 엄격한 규칙들을 적용하는 것을 보게 된다. 그런데 이 엄격한 규칙이란 사실상 지성적 자유를 배제한 기술적인 규칙이다.

기술에 대한 지성의 예속

우리가 강조했던 이 두 가지 사실들, 즉 자각의 결여와 지성이 기술에 굴복한 것은, 서로 결합하여 지식인에게 가능한 한 가장 끔찍한 상황을 만들어 낸다. 즉 의사소통의 부재이다.

이것은 아주 일반화된 사실이다. 우리 시대 사람들은 더는 서로 이해할 수 없다. 이것은 바벨탑 사건 이후 새로운 것이 아니다. 그러나 하나님은 인간 지성을 근거로 인간들 사이에 약간의 관계를 형성할 여지를 남겨두었다. 그런데 우리 시대가 끊어버린 것이 바로 이 다리이다. 인간들은 절대 서로 이해하지 않는다. 농부 계층에서 이것은 두드러지지 않는다. 부르주아 계층에서는 이것은 불편함이다. 지식인 계층에서 이것은 비극이다. 왜냐하면, 지식인들에게는 세상을 이해하고자 하는 의사소통 이외에 살아야 하는 진정한 다른 이유가 없기 때문이다. 그런데 오늘날 이 의사소통은 실제로 불가능한 것이 되었다. 서로 이해하려면 모든 사람에게 공통되고 타당한 최소한의 개념들이 있어야만 하고, 종종 무의식적이지만 모든 사람에게 같게 발견되는 최소한의 선입관과 가치가 있어야 한다.

그런데 정보획득 체계가 점차 이 공통된 토대를 무너뜨린다. 틀림없이 다른 선입관들이 형성되고 다른 특성이 있는 다른 공통적인 개념들이 형성된다. 그것들이 문명의 형태에 대해 가장 심오하고 진지한 표현이라기보다는, 지금은 선전에 따라 만들어진 인위적인 신화와 개념이다. 다시 말해 개인들은 주어진 문명의 흐름 속에서 그들 스스로 만날 수 없다. 그들은 단지 그들 자신이 믿는 신화를 각자 속에서 만날 수 있을 뿐이다. 이 신화는 단지 현대인이 광기 속으로 빠지는 것을 피하고자, 끊임없이 그곳으로 되돌아와야만 하는 **인위적인 창조물**일 뿐이다.

우리는 객관적 실재에 대한 의미가 어떻게 점차 상실되는가를 보았다. 우리가 만나는 사람 역시 우리에게 이 객관적 실재를 보여주지 못했다. 우리는 점점 더 커다란 추상적 영역 속으로 빠져들어 가게 되는데, 이것은 사실들과 관련된 것일 뿐만이 아니라, 인간에 대한 것에도 작용한다. 우리는 더는 우리 간의 의사소통을 할 수 없다. 왜냐하면, 우리의 만남이 그 실재를 상실하였기 때문이다. 오늘날 지식인은 절대 다른 사람과 연합될 가능성을 믿지 않는다. 그는 공허함 속에서 또 텅빈 곳을 향해 말을 한다. 혹은 그는 프롤레타리아, 나치, 지식인 등의 특정 집단을 위해 이야기한다. 결코, 인간에 대해서 오늘날만큼 이야기하지 않으며, 결코 인간에게 이야기하는 것을 오늘날만큼 포기한 적이 없었다. 그것은 그에게 말하는 것이 불필요하다는 것을 아주 잘 알기 때문이다. 인간이 사라졌던 조건이 이것이다. 인간은 소비자, 노동자, 시민, 독자, 정당인, 생산자, 부르주아로 존재한다. 그는 다양한 활동에 참여하고 국제화된 사람들이다. 그러나 모든 것에서

인간은 사라졌다. 그렇지만, 사람들이 진정으로 대화할 수 있는 대상은 사람이고, 함께 의사소통할 수 있는 대상도 사람뿐이다.

마지막으로 유일한 지적 표현 방법이 기술이므로 사람들은 더는 사람과 의사소통할 수 없다. 인간지성이 기술의 통로를 받아들여야만 한다는 사실은 인격적 관계의 단절을 가져온다. 왜냐하면, 기술적 방법론에 의해서는 두 사람 사이의 접촉 가능성은 사라지기 때문이다. 의사소통은 실제 토론 가운데 두 대화 상대방들의 완전한 참여가 있어야만 일어날 수 있기 때문에 기술을 초월하는 것이다. 그런데 현대 지적 기술이 회피하고 동시에 막는 것이 구체적으로 바로 그것이다.

현대 지식인은 이런 대화가 매우 불가능하다는 사실을 인식하고 있다. 문제가 되는 것은 그 조건 자체이다. 즉 물질에 대해서 끝없이 논하거나 행동하거나 수단을 완전하게 하는 것 대신, 다른 사람이 이해할 수 있는 차원에서, 다른 사람에게 이야기할 어떤 것이 있는지 아닌지를 아는 것이 문제이다. 그것은 그리스도인이라고 불리는 지식인에게도 해당한다. 그래서 현대 지식인은 길을 찾고 있다. 예를 들어 이것은 자신을 던질 사상을 찾으려는 루쥬몽[26]과 인간을 사건 속에서 재발견하려는 말로[27] 등의 경우일 것이다. 그것은 거짓이 아니지

---

[26] [역주] 루쥬몽(Denis de Rougemont)은 뇌샤텔에서 출생한 스위스 작가이다. 그는 프랑스어로 집필하였으며 1932년 E. 무니에와 협력하여 인격주의를 표방하는 「에스프리」지(誌)를 창간하였고, 1939년에 집필한 『서구와 사랑』으로 알려졌다. 제2차 세계대전을 미국에서 겪은 뒤 『악마의 몫』(1944)에서 유럽의식의 위기를 분석하였고, 제네바에 유럽문화센터를 창립했다. 저서로는 『연방주의와 민족주의』, 『유럽의 18세기』(1961), 『유럽인에게 보내는 편지』(1970) 등이 있다.
[27] [역주] 말로(André Malraux)는 파리태생의 프랑스의 작가·미술평론가·정치가이다. 동양어 학교에서 산스크리트와 베트남어·중국어를 공부하고 19세 때 문학을 시작했고 『종이달 Lunes en papier』(1922)로 문단에 데뷔하였다. 이후 환상적인 작품

만 비효과적이다. 왜냐하면, 인간이 **사건** 속에서, 예를 들어 전쟁, 혁명, 포로수용소 속에서 자기를 재발견한다고 말하는 것은, 인간이 피할 수 없는 우리의 문명과 관련하여 예외적이고 지나친 상황들 속에서만 재발견된다는 것을 말하는 것이기 때문이다. 그러나 이 시도는 문제의 핵심을 공략하지 못한다. 왜냐하면, 그것은 일시적이고 제한적이며 불연속적 영역으로부터 주어진 해결책이기 때문이다. 의사소통이 가능하기 위해 심히 필요한 이러한 물리적 혹은 정신적 시도는 그 자체로 이미 실현된 의사소통의 표현이다. 무너졌던 것을 외부조건에서부터 다시 만들 수는 없다. 인간을 예외 속에서 인위적으로 재발견하는 것은 불가능하다. 재검토되어야만 하는 것은 우리 문명 전

을 발표하였으며 1924년 고고학 연구로 인도차이나를 여행하여, 크메르문화 유적에서 많은 조각상을 발견했다. 1925년에 다시 인도차이나로 가서 원지(原地) 민족주의자들의 독립운동을 도왔다. 이어 중국으로 건너가 당시 공산당과 제휴하고 있던 광둥[廣東(광동)] 국민당 정부를 도왔으나, 장제스[蔣介石(장개석)]가 공산당과 절연하자 1926년 국민당을 떠나 귀국했다. 청년 중국인과 프랑스인과의 왕복 서간 형식으로 유럽의 지성을 비판한 『서구의 유혹 La Tentation de l'Occident』(1926)을 발표했으며, 이후에는 「엔 에르 에프 NRF ; La Nouvelle Revue Française」지를 중심으로 평론·미술비평을 발표하였다. 광둥혁명을 무대로 한 『정복자 Les Conquérants』(1928)를 썼다. 또한 인도차이나의 탐험을 주제로 한 『왕도 La Voie royale』(1930)와 장제스가 공산당을 탄압하는 상하이[上海(상해)] 쿠데타를 무대로 한 『인간의 조건 La Condition Humaine』(1933) 등을 발표하여 명성을 얻었다. 모스크바에서 개최된 제1회 전소련작가대회에 출석했으며 1936년에 에스파냐 내란이 일어나자 인민전선에 참여하고, 그 체험을 바탕으로 한 서사시적 장편 『희망 L'Espoir』(1937)을 썼다. 제2차세계대전 중에 독일-소련상호불가침조약이 체결되자 공산주의와 결별하고 반(反)나치즘운동에 참여하다가 체포되었으나 탈출하고, 전선에 참가했다. 이때 『알텐부르크의 호두나무 Noyers de l'Altenburg』(1943)를 썼다. 1945년부터는 정치에 참여하여 드골정권 밑에서 정보장관·문화장관 등을 역임하였으며, 1969년 드골의 은퇴와 함께 정치계를 떠났다. 정치활동 중에도 독창적인 예술미학론인 『예술의 심리 Psychologie de l'Art, 3권』(1947~1950) 등의 많은 미술평론집을 발표하였다. 작품세계의 특징은 작품 속에 행동이 직접적으로 반영된 점이며 이것은 프랑스의 "참여문학(littérature engagée)"에 큰 영향을 미쳤다.

체이다. 이 재검토는 개개인에 의해서 개인적인 운명이라는 차원에서 수행되어야 하는데, 이 개인적 운명은 영웅적이지 않는, 확실히 개인적 운명이며, 그를 둘러싼 사람들과의 진지한 의사소통 없이는 불가능한 것이다.

우리는 여기서 우리 시대 죽음의 의지 중 한 가지, 즉 사탄이 인간을 점차 이끌고 갈 보편적 자살의 형태 중의 한 가지를 다루려고 한다. 사탄은 조금씩 인간을 이 자살이란 생각에 익숙하게끔 한다. 쾌락 혹은 절망 속에서 범하는 자살, 지적 혹은 도덕적 자살, 느리게 준비되고 실행될 총체적 자살, 즉 육체와 영혼, 세상 전체의 자살에 사람들은 준비되었다.

우리는 모든 형태의 자살 중독에 대항하여 싸워야만 한다. 의사소통의 상실은 특별히 해로운 것이며, 또한 눈에 보이지 않는 현상이다. 왜냐하면, 우리 시대 사람들은 서로 만나려고, 우체국, 철도, 텔레비전, 즉 물질적 실재 속에서 발견되는 그 힘 자체를 깨뜨리고 죽이는 바로 그것을 신뢰하기 때문이다.

"내가 오늘날 천지를 불러서 너희에게 증거를 삼노라. 내가 생명과 사망과 복과 저주를 네 앞에 두었은즉 너와 네 자손이 살기위하여 생명을 택하고 네 하나님 여호와를 사랑하라"신30:15 이하

"감사하옵나니 옛적에도 계시고 시방에도 계신 주 하나님 곧 전능하신이여 친히 큰 권능을 잡으시고 왕노릇 하시도다. 이방들이 분노하매 주의 진노가 임하여 죽은 자를 심판하시며 종 선지자들과 성도들과 또 무론대소하고 주의 이름을 경외하는 자들에게 상주시며 또 땅을 망하게 하는 자들을 멸망시킬 때로소이다"계11:17~18

2장. 의사소통의 부재

그럴듯한 신학 속에서 해결책을 발견할 수 있다고 주장하는 것은 명백히 인위적이다. 오늘날 기독 지식인들은 지식인의 사명과 수단 사이에서, 또 세계에 대한 자신의 이해와 의사소통의 부재 사이에서 사분오열되어 있다. 우리가 지식인이 처해있는 이와 같은 해결 불가능한 상황에 종지부를 찍을 수 있는 것은, 단지 원리를 적용하거나, 지적인 인식을 통해서 되는 것이 아니다. 어떤 인간의 행위도 이 상황을 바꿀 수는 없다. 물론 이것은 그리스도인의 삶의 문제이다. 그리스도인의 지성을 삶 속에서 구현하는 문제는 근거 없거나 불필요한 것이 아니다. 그것은 우리 시대에 꼭 필요한 것이다. 그러나 이러한 인간의 노력이 의미가 있게 되는 것은 오직 초인간적인 행동에 의해서만이 가능하다. 앞으로 설명하려는 모든 것에서 우리는 논리적으로 설명할 수 없는 것과 부딪칠 것이다. 즉 우리는 하나님의 영역과 부딪칠 것이다. 우리는, 인간의 모든 행동은 하나님이 인간에게 주시는 충만함으로 채워질 때만이 비로소 효과적이 되고, 또 하나님이 그에게 성취를 주실 때만이 성취된다는 주장과 부딪칠 것이다. 그러나 이 점에서 첫 1장과 2장을 읽을 때 발생할 수 있었던 혼란을 분명히 없애야 할 시간이 되었다. 즉 필요한 인간의 행동에 관해서 하나님과 인간의 관계가 다음과 같은 식으로 구성된다고 생각하지 말아야 한다. 말하자면 인간은 일의 한 부분을 하고, 하나님이 나머지 일을 행한다고 믿는 것이다. 하늘은 스스로 돕는 자를 도울 것이라고 믿는 것 말이다. 그러나 사실은 인간은 자신의 일을 하는 것이고, 하나님은 이 일에 의미, 가치, 효과, 비중, 진리, 정의, 생명을 제공하는 것이다. 하나님이

이것들을 주지 않는다면, 어떤 환상도 갖지 말아야 한다. 즉 주지 않음에도, 인간의 일이 어느 정도의 가치와 진리를 가지고 있다는 것을 기대하지 말자. 인간의 일은 남아 있는 것이 없다. 인간의 일은 오직 죽는 일이며, 허망함으로 들어가는 것이다.

이것은, 현재 우리 문명에서 필요한 사역에 대해 우리가 했던 모든 이야기 속에, 막을 수 없는 터진 틈과 피할 수 없는 도랑이 있는 이유이다. 그런데 이 도랑으로 하나님의 능력이 나타나거나 혹은 아니거나 한다. 인간 편에서 활동은 필요하지만, 하나님이 그것을, 예기치 않고 값없이 주는 자신의 은혜의 선물로 변화시키지 않는 한 쓸모없는 것이 되고 만다.

이 터진 틈을 내버려두지 않고, 인간에게 수단과 해결책을 제공한다고 주장하거나, 또 효율성을 가져다줄 수 있다고 믿는 사역을 하는 것은, 비록 이 사역이 복음에 의하여 영감을 받은 것이라 할지라도 반기독교적인 일을 행하는 것이다. 분명히 우리의 태도는 사람을 목마른 상태로 내버려 두는 것이다. 그러나 인간의 목마름은, 그가 "마시면 더 목마르지 않을 것"이라고 약속된 생수로 갈증을 풀기를 거부하기 때문이다. 이러한 딜레마는 여기서 더욱 문제해결을 어렵게 만든다.

기독 지식인의 임무

오늘날 기독 지식인의 첫 의무는 자각의 의무이다. 즉 현실에서 분리될 수 없게 연결되어 있고 피할 수 없는 세상과 자신을 이해하는 의무이다. 이것은 정보를 위한 외적 현상과 정보를 거부하는 것이며, 추상적으로 전달된 현상을 거부하는 것이고, 인간에게 위안을 주는 진보에 대한 환상을 거부하는 것, 즉 일종의 역사적 운명론에 따라 현 상황과 인간을 개선하는 것에 대한 환상을 거부하는 것이다.

세상과 자신에 대한 자각을 통해 나타나는 첫째 행동 혹은 첫째 필수적 요소는 신화와 지적 우상을 단호하게 열정적으로 파괴하는 것이고, 지나간 헛된 교리들과 실재, 예를 들어 정치적 영역에서 자유주의, 파시즘, 공산주의를 거부하는 것이다. 이것은 러시아의 공산주의 교리나 미국의 자본주의 생활양식에서 보이는 사고의 획일주의인 지적 부르주아 철학을 뒤집는 것이다. 이것은 정보와 다양한 사실들의 사육제와 단절하는 것이며, 정확한 해석을 통하여 현대인에게 세상을 부흥시킬 수 있는 것처럼 보이려고 노력하는 풍선들과 해석의 틀들을 터트리는 것이다. 그런데 어떤 이름으로 이것을 시도해야 하는가?28)

자각의 둘째 요소는 나를 둘러싼 것들로 이루어진 삶과 사실들에 대한 객관적 실재를 발견하려는 의지이다. 이것은 진정한 현실주의를 만드는 것이다. 이 현실주의는 내가 이미 언급한 정치적 현실주의와 관련하여 노동 분야에 대해서 기술하려고 시도했던 바이다. 그런데 여기서도 다음과 같은 질문을 하지 않을 수 없다. 무슨 이름으로 해야 하는가?

셋째 요소는 이 실재가 먼저 인간적 차원에서 파악돼야만 한다는 것이다. 그다지 고상해 보이지 않지만 유일하게 의미가 있는 인간 영역을 떠나는 것을 단호하게 거부해야만 한다. 먼저 이것은 이상주의, 미래, 일반성, 추상 등의 모든 형태로 도피하는 것을 피해야만 한다.

---

28) 자끄 엘륄, 『새로운 상투적인 생각들에 대한 해석 *Exégèse des nouveaux lieux communs*』를 보라.

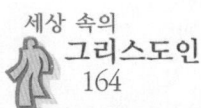

추상적 인간을 생각하지 말고, 내 이웃 마리오를 생각해야만 한다. 내가 그 사람에 대해 쉽게 알 수 있는 것은 구체적인 삶 속에서이다. 또한, 기계, 신문, 정치적 담화, 행정의 진정한 영향력을 볼 수 있는 것도 구체적인 삶 속에서이다. 그런데 누군가가 그것이 텍사스 농부에게 혹은 러시아 집단농장 노동자에게 다르게 일어난다고 나에게 말해줌에도, 나는 그것에 대해 모른다. 사실 탐방기사가 나에게 그것을 가르쳐주지 않을 것이다. 나는 인간의 본성을 믿기 때문에 그것에 대해서 의심하는 것이다.

나는 다음 같은 경우를 접할 때마다 인간의 진보를 믿는 것을 거부한다. 즉 내가 알고 있고, 내가 그 삶을 뒤 따르고, 또 그 속에서 내가 존재하는 바로 그 사람들 속에서, 책임감의 의미, 직업에서 진지함, 참된 권위에 대한 인정, 정직한 삶에 대한 염려가 훼손되어 가는 것을 볼 때, 인간의 진보를 믿지 않는다. 또 "거대 세력"이 음모하는 것에 대한 불안감에 의해, 세상이 흘리는 두려움에 의하여, 명명할 수 없는 무서운 망령에 대한 증오감에 의하여, 그들이 억압을 받는 것을 볼 때이다. 내가 그들이 환경에 의하여 억눌리고, 고통을 받으면서, 분노하고, 탐욕스럽고, 이기적이고, 불신하고, 저항과 원한으로 가득 찬 도둑과 사기꾼으로 변하는 것을 볼 때이다. 또 내가 그들이 자신이 알지 못한 것에 대항하여 심령 깊은 곳으로부터 나오는 절망적인 싸움 속으로 참여하는 것을 볼 때이다. 오늘날 자신의 일을 하길 원하는 지식인은 출발점에서 다시 출발해야만 한다. 즉 그가 아는 사람, 먼저는 자기 자신에서부터 출발해야 한다. 그가 세상의 상황을 생각하기 시작해야만 하는 곳이 다른 어떤 곳이 아니라 바로 자기 자신에 대한 분석에서 시작해야 한다.

만약 그가 영화가 무엇인지 알기 원한다면, 영화관에 가야만 하는데, 그것은 예술작품 혹은 그 무엇을 보기 위해서가 아니라, 거기서 체험하기 위해서 가야 한다. 즉 관객 집단과 일체감을 느끼려고 간다. 영화 자체보다는 관객들을 보고 그들의 감각과 감정을 공유하는 것이다. 그럴 때, 지식인은 영화가 인간에 대한 어떤 파괴적인 힘을 영화 안에 내포하고 있는지를 알 것이다. 영화가 드러내는 다른 좋은 효력이란 없다. 이 자각 과정에는 지적인 요소가 없으며, 담대한 배짱만이 있고, 또 며칠 밤을 지새울 준비가 필요할 따름이다. 그러나 어떤 지식인이 이 자각 과정을 겪을 때, 그는 지성적 삶을 위한 진정한 투쟁으로 이끄는 길에 들어섰다고 할 수 있을 것이다.

현장체험을 통해 얻은 지식 이외에 통계 혹은 정보에 의한 세상의 다른 모든 지식은 허상이며, 우리가 언급했던 조작된 흐름 속으로 우리를 엮어 넣는 것이다.

이 자각의 네 번째 요소는 현재 문제들을 가능한 한 깊이 들여다보고, 또한 그 문제들을 있는 그대로 파악하는 것이다. 그리고 이 문제가 세상의 잔혹한 방식과 이런 세상 속에 있는 우리에게 조성된 환경과도 함께 있다는 것을 알아야 한다. 또 우리 눈에 투사된 사실들 배후에 있으며, 이 사실들이 근거를 두는 실재를 찾아야만 한다. 선전의 다양한 측면들 배후에는, 모든 지역과 국가에 존재하는 공통적 실재가 존재하는데, 이것은 정서적 혹은 이데올로기적인 내용도 없고, 실제로 중요하지도 않은 선전체제 그 자체이다. 우리를 사로잡아 삶의 모든 영역에서 우리의 눈을 멀게 하는 이론들 배후에 있는 실재, 즉 이론들이 우리에게 숨긴 실재를 발견해야만 한다. 예를 들어 민주주의 사회이든 전체주의 사회이든 그 배후에는, 외적 형태가 어떻든지

간에, 기술자적 삶의 형태로 사회를 지탱하게 만드는 실재가 독자적으로 존재하고 있다. 우리가 동의하는 사실은, 우리 현대문명의 진짜 구조, 즉 영적 실재의 표현 혹은 세상의 영적 실재에 대한 현재적 표현을 발견하는 것은 극도로 어렵고 신중한 연구 작업을 필요로 한다는 사실이다. 그러나 문명에 대한 자각이 어떤 방식으로든지 객관적일 수 없을 것이다. 이 점에서 자각을 구성하는 마지막 다섯째 요소가 있다. 즉 이 자각은 참여하는 것이어야만 한다.

현실에 참여하는 지식인은 절대적으로 19세기 자유주의적 지식인이 활동했던 것처럼 할 수 없다. 지식인은 더는 자기 자신을, 경기 밖에 있고, 인간과 사회라는 대상과 관련하여, 자유로운 한 명의 관찰자로 여길 수 없으며, 또 물질적 조건에 무관심하거나 초연하여, 오직 자신의 개인적 열정 혹은 관찰만을 받아들이는 관찰자로 여길 수 없다. 자각을 하길 원하는 지식인은 다른 사람들의 수준에서, 그들과 함께, 같은 법률에 제약을 받고 같은 영향력과 같은 절망에 굴복하고, 같은 죽음이 예정되었다는 것을 스스로 인정해야만 한다. 지식인은 자각해야만 하고, 기술들이 세상을 잠들게 하는 이 거대한 악몽에서 깨어나야만 하는데, 그것은 다른 사람들을 위해서 뿐만 아니라 그 자신을 위해서이다. 지식인은 자기 자신이, 그 구조를 밝힌 이 세계 안에서, 이 문명 안에 편입되어 있고, 또 이 문명과 함께 돌아가고 이 문명에 의존할 뿐만 아니라, 이 문명을 변화시킬 수 있다고 생각해야만 한다.

지식인은 이런 시도에 참여하고, 구체적으로 세상이 무엇인 것을 보고, 구체적으로 세상 안에서 자기 자신을 보는 것이 필요하다. 지금은 유토피아의 때가 아니고 정치적 현실주의의 때는 더욱 아니다.

지금은 자각이 필요한 때인데, 이 자각은 각자의 삶을 세상에 참여하도록 한다. 왜냐하면, 이처럼 참여한 사람은 자신의 모든 삶이 개입되었다는 것을 받아들이기 때문이다. 지식인은 진정한 삶의 현장에는 개입하지만, 수사학적인 것에는 개입하지 않는다. 이 말이 의미한 바는 단순히, 우리가 잘 아는 어떤 학자처럼, 한쪽에 대단히 많은 돈을 쌓아놓고 공산주의 지식인일 수 없고, 저명한 출판사와 계약을 하면서 무정부주의적 작가일 수 없으며, 일등석으로 여행하면서 프롤레타리아 시인일 수 없다는 것이다. 지적인 관점에서 이런 행위들은, 그리스도인이 무기를 만든다는 사실처럼, 또 그것을 수출하는 것에 예산을 지원한다는 사실과 같은 파렴치한 행동이다. 그리고 경제적 관점에서 이런 행위들은 삶을 세상에 참여시키지 않는 것이고, 세상에 대해 자각을 하지 않는 것이며, 사탄 왕국의 망상에서 기인한 잘못된 의식이다.

다시 한 번 더 질문을 해보고자 한다. 과연 무슨 이름으로 말하고, 그것을 할 것인가? 무엇 덕택에 불가능한 것처럼 보이는 이 전복顚覆을 실행할 것인가! 결국, 이 자각은 모든 삶의 영역에서 우리의 세상이 갈구하는 실재를 재발견하는 것이다. 우리가 이 토론을 통해 우리 스스로 무엇을 하길 바라는가? 우리는 물질적 실재를 조건 지워주는 이 영적 실재에 대해서 무엇을 알기를 바라는가? 사실 나는 경험을 통해 이것을 잘 알지만, 여기서 더 깊게 다룰 수는 없다.

다만, 간단히 말하자면 이러한 총체적인 자각은 오직 성령을 통해서만 오는 것이다. 이 점은 우리가 도달한 돌파지점이다. 우리는 현대 사회의 필수적인 것을 잘 파악할 수 있었다. 지금까지 많은 사람이 동의할 수 있었다. 그러나 우리는 수단과 이유, 즉 원동력을 찾지 못했

다. 얼마나 사람들이 찾고 있고, 얼마나 되풀이하는가! 사람들이 빈 우물에서 같은 쇠사슬 펌프를 돌린 지가 수천 년이 되었다. 인간에 의해 시도된 일이 어떤 것이든지, 예수 그리스도 안에서 그리고 성령에 의해서만이 그 의미와 가치를 갖는 것이다. 눈에 보이는 외형은 아무것도 변화시킬 수 없다. 이 견해를 여기서 더 발전시킬 수 없다.

그러나 우리는 적어도 우리가 처한 극단적인 곤경을 분명히 언급해야만 한다. 사실 모든 우리 문명의 해석체계, 이해체계가 이런 곤경에 빠져 있다. 여기에는, 부르주아적이라고 할 수 있는 현 세상의 유물론적 변증법과, 전통적이라고 할 수 있는 현 세상의 명백한 요소인 초현실주의도 포함된다.

이 세상이 우리에게 제안한 어떤 것도 우리에게 자각을 위해서 유용하지 않다. 거기에는 더 큰 빛으로 인간의 지성을 밝혀주는 진리가 필요하다. 거기에는 필연적으로 현대 세계를 이해하는 행동에 인간을 참여하게끔 하는 권위가 필요하다. 거기에는 인간에게 그가 놓여있는 환경의 진실을 발견하게 하는 힘이 필요하다. 이 모든 것은 인간에게서 올 수 없다. 수 세기 동안 인간은 자신이 "정상적"인 세상에서 살고 있다고 생각을 했기 때문에 망상을 만들 수 있었다. 정상적이란 것은 "좋은" 세상이 아니라 "인간에게 적합한" 세상이라는 말이다. 오늘날 정신 나간 사람 외에는 더는 망상이 불가능하다. 우리는 이 세상의 구조 자체에 의하여 피할 수 없는 선택에 직면하게 되었다. 그래서 지식인은 더 단순히 지식인으로 남아있기 위한 좋은 이유를 상실해 버렸다. 다른 말로 하면, 오늘날 여타 활동작용처럼 지적작용도 우리를 이 자각으로 이끄는데 무기력하다. 우리의 문명이 근본적으로 독재적이기 때문에, 또 그것으로부터 빠져나올 수 없어서, 외부로부터의 어떤 간섭이 일어나는 것이 꼭 필요해졌다. 그러나 세상에는 외부세력은 더는 존재하지 않는다. 우리 사회는 모든 형태의 인간지성을 흡수해버렸다. 우리 문명은 인간 이상의 힘이 있기 때문에, 그것이 "혈과 육"에 의해서 건설된 것이 아니라 정사와 권세와 "영적 주관자들"엡6:12에 의해 형성된 것으로 생각하는 것은 필연적이다. 그러나 우리의 지적인 교육 속에서는 어느 것도 우리에게 그것을 보거나 깨닫도록 준비시켜주지 않는다. 우리의 지적인 수단은 완전히 물질적이고, 그런 깊은 자각을 하기에는 전적으로 부적합하다. 오직 성령의 간섭만이 아주 정확하게 우리의 지성을 변화시킬 수 있으며, 그렇게 될 때 인간의 지성이 우리의 기술체계 속에 함몰되지 않고, 충분히 침투될 것이다. 오늘날 절대 어떤 다른 가능성은 존재하지 않는다. 지금까지는 인간의 보통 지성으로 충분할 수 있었으나, 현대 문명의 현존 속에서, 문명으로부터 발생하는 모든 것이, 헉슬리류의 "세상의 최고의 것"이다.

기독 지식인들은 우리 시대의 결정적 특성을 깨달아야만 한다. 만약 우리가 우리 전체를 요구하는 이러한 자각을 포기한다면, 우리는 하나님과, 그가 우리에게 말씀하셨던 소명을 배반하는 것이 된다. 그뿐만 아니라, 우리가 사회적 경제적 문제들을 해결하기 위해 가질 수 있었던 모든 선의에도, 또 다양한 "선한 대의명분"에의 헌신에도, 과학을 발전하게 하는 열정에도, 우리는 우리가 사는 세상을 배신한 것이다. 그래서 우리는 다른 장님들을 죽음으로 이끄는 장님들이 될 뿐이다.

이런 자각은 오늘날 기독 지식인이 필수적으로 수행해야만 하는 유일한 행위이며, 끊임없이 새로워져야 할 활동이다. 그러나 이것을

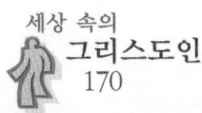

구체적인 현실 속에서 생각한다면, 세 가지 결과들을 가져온다. 이 결과들은, 성령이 준 분별력에 의하여 조명된 이런 자각이 현재 사회가 직면한 문제들의 해결책이라고 명백히 말한다. 또한, 이 결과들은 이 자각의 실현이 참으로 진실한지를 측정하도록 한다. 마지막으로 그 것들은 어떻게 이 자각이 특별히 기독교적 행위일 수 있는지를 보여준다. 이 결과들은 다음과 같다. 즉 이웃의 의미를 발견하는 것, 사건의 의미를 발견하는 것 그리고 거룩한 것의 한계를 재발견하는 것이다. 이 결과들에 관해서 우리가 다음 내용에서 아주 간단히 요약할 것이며, 철학적으로 그것들을 연구한다고 말하려는 것은 아니다.

자각의 첫 번째 결과

오늘날 지식인은 이제 그 누구의 이웃이 아니므로 결국 의사소통은 단절되었다. 그는 더는 다른 사람들과 공통점이 없어서 다른 사람들로부터 이해받지 못한다. 인간에 대한 그의 관심이 어떤 것이든지, 그의 지적인 탐구가 어떤 것이든지, 이방인들과 분리된 존재들만이 있을 뿐이다. 다른 사람의 이웃이 되는 것은 모든 그리스도인의 의무라는 것은 매우 분명하다. 그런데 지식인들에게 이것은 특히 더 시급한 것이다. 왜냐하면, 그것은 지식인들에게 자신의 존재 자체를 정당화시키는 활동이기 때문이며, 이 활동은 의식되어야만 하기 때문이고, 또한 현재 새로운 관계를 만드는 창의력의 문제이기 때문이다. 우리의 세상은 인격적 관계를 파괴하고 있으며, 인간들 역시 의식적으로나 과학적으로 그것을 하려고 시도했다. 즉 나치들과 공산주의자들은 적을 모든 악의 개념으로 규정함으로써 인격적 관계를 파괴하였다. 자신을 반대하는 사람은 더는 적이 아니다. 그는 악 자체를 표현한다. 그 결과 한편으로 "유대인", "공산주의자", "재벌", 다른 한편으로 "부르주아", "태업하는 사람", "트로츠키주의자"는 정확하게 지상의 모든 악의 화신이다. 그 결과 어떤 동정 없이도 그를 죽일 수 있고 죽여야만 한다. 말하자면 그는 인간존재가 아니라 하나의 상징이다.

따라서 정반대 의미로 우리의 가장 중요한 활동은 사회적으로 이웃을 재발견하는 것이다. 기독교는 스스로 이 일을 행할 수 있다. 그것은 믿음의 산물이다. 자신을 대적하는 사람은 절대 같은 편은 아니지만, 그리스도가 그를 위해 죽은 사람이다. 모든 그리스도인의 태도가 되어야 할 이런 태도는, 직접적으로 그의 믿음에 의해 나오는 것인데, 이것은 기독 지식인에 의하여 의식적으로 조명되어야 하며, 단호하게 방향을 잡아야 한다. 어떤 사람의 이웃이 되는 것은 단순한 것이 아니다. 물론 신학적으로 그것이 의미하는 바와 이웃과 가까이하는 것에 대한 신학적 기초에 관한 연구가 있다. 그러나 이 연구는 이미 이루어졌다. 그래서 내가 주목하고자 하는 것은 그 점이 아니다. 이 문제는, 내가 이미 말한 것처럼 우리 문명 속에서 단순한 것이 아니다. 특별히 그것은 인격적 관계의 단절을 향해, 다시 말해 이웃에게 다가가는 것을 방해하는 방향을 향해 간다. 그리고 지식인은 세상에 대해 자각함으로 말미암아 다른 사람들과 함께 존재할 수 있는 영역, 즉 실제적인 만남의 장소를 재발견해야 한다. 따라서 오늘날 기독 지식인의 특별한 일은 새로운 언어를 발견하는 일이다. 이 언어는 광고의 허세虛勢에도 불구하고 모든 사람이 서로 이해하게 하는 언어이며, 개인들이 그들의 절망적인 고독에서 떠나도록 해주는 언어고, 이성적인 건조함과 주관적인 감성주의를 피하게 하는 언어이다. 이것은

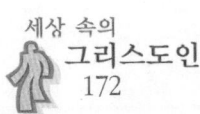

마치 "부족部族을 나타내는 단어들에 더 순수한 의미를 부여하는 것과 같은" 새로운 언어의 탐구이다. 이 언어는, 우리의 언어가 완전히 현실로부터 동떨어져 있는 것과는 다르게, 현실과 일치하며 다른 정신적 구조들에 순응한다. 예를 들어 바울의 살아있는 표현과 같은 언어, 즉 "나는 모든 사람에게 모든 것을 행했다"가 바로 그것이다.

기독 지식인에게 이 언어의 문제는 사람들과 접촉하기 위한 핵심 문제이다. 다른 사람들도 이 문제를 느껴왔다. 즉 다른 사람들도 이 언어를 추구했으나, 초현실주의자들처럼 더 절망적인 고독으로 귀결되었다. 인간들이 분리되어 이방인이 된 것은 당연하다. 그러나 성령이 그들 사이에 의사소통을 만들고 이 분리를 끊게 한다. 오직 성령만이 이것을 할 수 있다. 이웃과 이러한 관계를 만들 수 있는 이는 오직 성령이다. 오직 그만이 눈과 귀를, 계시가 된 진리뿐만이 아니라 타인에 대한 겸손한 사랑에 열게 할 수 있다. 그러나 인간은 성령께서 행하시는 것에 인내를 가지고 동참해야만 한다. 만약 인간이 사막으로 도망가거나, 홀로 돌이킬 수 없는 은둔의 삶 속으로 숨어버린다면, 이웃은 존재하지 않을 것이다. 성령께서 거기서 무엇을 행하실 수 있단 말인가? 만약 우리의 문명 속에서, 우리가 의사소통을 가능케 해줄 언어를 재창조하지 않는다면, 성령이 사역할 수 있게 할 기반은 존재하지 않는 것이며, 하나님이 자신의 능력을 보이려고 자신의 창조물들에 대해 항상 요구하는 인간적 수단은 존재하지 않는 것이다. 이 언어에 의미와 진리와 효율성을 줄 분은 오직 성령이지만, 인간들이 이 언어를 찾아야만 한다. 그러나 그리스도인들은 더는 이 언어를 찾고 있지 않다. 왜냐하면, 그들은 이웃관계란 아주 단순하며, 오늘날의 상황은 과거와 마찬가지이고, 천 년 전에 성공했던 것은 오늘날에도 가능하다고 믿고 있기 때문이다. 물론 그리스도인들이 기독교 역사상 몇 번씩 어떤 언어를 재발견했다. 그러나 오늘날 그리스도인들은 이 일에 대해 관심이 매우 적은 것처럼 보인다. 오히려 그 언어를 탐구하는 사람들은 비그리스도인들이다. 하여튼 지금까지는 성령께서 이 탐구에 역사 하지 않았다.

이 문제와 관련하여 지적인 그리스도인들 자신의 소명의 의미를 재발견하는 것은 시급한 일이다. 모든 노력을 기울여야만 한다. 이 노력이야말로 계층과 삶의 양식과 정치적 분열을 넘어서 서로 이해하기 위한 수단을 재발견하는 유일한 방법이다. 또 이것은 우리를 분리시키는 사회적 흐름을 깨트리고, 사랑 안에서 진정한 이웃과 사귐을 재발견하게 하는 유일한 방법이다. 이것은 오늘날, 지적이고 신학적인 자유주의가 이웃의 개념 속에 채운 치명적인 감상주의를 배제한 채, 사랑을 체험하는 방법이다. 만일 우리가 이 언어를 발견해내지 못한다면, 사랑에 대한 우리의 설교는 이해받을 수 없게 된다.

자각의 두 번째 결과

자각의 두 번째 결과는 우리에게 두 번째 일, 즉 기독 지식인이 담당해야 할 두 번째 의무를 보여준다. 다양하고 사소한 사실을 믿고, 설명적 신화에 의하여 그것을 해석하는 사람은 더는 그리스도 사건을 믿지 않는다. 즉 그는 삶, 역사 그리고 진보의 과정 속에서, 모든 것을 수정하는 특성이 있으며, 지나간 이 모든 진보의 의미를 통합하고, 미래의 방향을 포함하는 사건의 개입을 믿지 않는다. 이 그리스도 사건은 우연한 다양한 사실과 반대되는 것이다. 왜냐하면, 그것은 체험을 지니고 있고, 인간 존재를 총체적으로 포착하기 때문이다. 이 사건

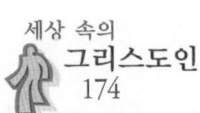

은 또한 현대 신화와 반대되는 것인데, 그것은 사건 자체 안에 그 의미가 담겨 있기 때문이고, 사건이 요구하는 동조는 개인적이고, 또 각 사람에게 인격적 결단을 이끌어내기 때문이다.

그런데 그 사건을 믿는다는 것은, 그 사건이 만들어낼 수 있는 역사에 대한 어떤 개념을 받아들인다는 것이다. 그런데 실제로는, 우리가 언급했던 물질적 조건들이 우리로 하여금 완전히 그 사건을 거부하게 하는 경향이 있을 뿐만 아니라, 개인의 삶과 역사에 대한 지배적인 개념들도 그 사건을 부인하게 한다. 나는 현대인이 환상 속에 살고 있다고 말했으며, 심지어는 그가 자신의 비프스테이크를 위해 투쟁할 때조차 그는 물질적 실체와 만나지 않고 추상적 허구와 만난다고 여러 차례 말했다. 이 확신은 다르게 표현될 수 있다. 즉 세상 속에서 혹은 개인의 삶 속에서 일어나는 어떤 사실도 개인과 관련해서 더 고유하고 자율적인 의미가 있지 않으며, 현대인의 경험이나 결정과는 무관한 것이다. 반대로 이와 같은 사실은 항상 집단 세력 혹은 사회적 행위의 산물인 것처럼 보인다. 그런데 그리스도 사건이 없다면, 믿음 또한 가능하지 않다. 단지 인위적인 신화만 존재할 뿐이다. 삶에 대한 이러한 태도만이 이상한 정치제도의 현대적 성공을 설명할 수 있으며, 동시에 기독교 신앙에 대한 이반離反을 설명할 수 있다. 이 현상은 "종교적" 영역에서 현 세상의 실재를 포착하지 못했기 때문에 생긴 현상이다.

게다가 그리스도 사건이 없다면 역사와 개인의 삶 속에서 더는 인간의 개인적이고 자발적인 행동이 있을 수 없다. 단지 전반적인 포기밖에 할 수 있는 것이 없다. 따라서 문제는 이중적이다. 우리는 역사 속에서 그 사건이 객관적으로 가능한 것인지 또는 각 사람의 삶 속에서 그 사건이 있는지를 알아야만 한다.

현대 세상 속에서 그 사건을 인정하는 것은 현 세계에 대한 자각을 한 결과다. 우리의 동시대 사람들의 삶을 새로이 조명하기 위해서 기독 지식인들의 이러한 작업은 절대적으로 필요한 것처럼 보인다. 그러나 오늘날 그리스도 사건, 그 사건의 의미 그리고 사건의 범위를 재발견하는 것은 순전히 지적으로 구성된 자의적인 작업이 아니다. 그것은 인간 이성에 기초해서만이 확실성을 가질 수 있는 이 사건의 철학과 관련된 문제가 아니다. 왜냐하면, 어느 것도 그 사건이 진실로 존재한다고 증명할 수 없기 때문이다. 만약 그리스도인이 여기서 특별한 사명이 있다면, 그것은 그들이 다른 모든 사건이 기초하는 한 사건의 증인들이기 때문이다. 그런데 이 사건은 역사 속에서 발생했고, 우리의 삶 속에서 일어나는 사건이다. 또한, 궁극적으로 개인적인 혹은 역사적인 다른 모든 사건을 보장하는 사건이고, 역사와 삶을 근본적으로 돌이키게 할 수 없게 하는 사건이다. 이 사건은 역사의 과정 속에서 하나님이 개입한 사건이며, 그것은 바로 예수 그리스도이다. 따라서 절대로 이 사건을 철학적 공식으로 축소하지 말아야 한다. 이러한 축소는 우리를 노리는 가장 큰 위험이다. 왜냐하면, 철학적으로 이 사건을 설명하는 작업은 우리가 가진 확실성을 무의미한 것으로 만들기 때문이다. 바로 영원히 시간 속으로 개입했다거나 추상적인 하나님이 인간 속으로 개입했다고 말하는 것이 문제가 아니다. 엄밀하게 말해서 그리스도 사건이란, 살아있는 하나님이 살아있는 인간, 예수 속으로 육화되었다는 것이다. 오직 이 관점에서만이, 지식인들이 실제적인 그리스도 사건, 즉 인간의 사고와 삶에 필수적인 영역을 재발견할 수 있다. 오직 이 관점에서만이, 사람들에게 삶을 인격적

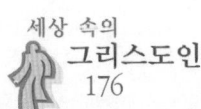

으로 경험하게 하고, 삶의 의미와 하나님이 창조한 인간관계의 의미를 재발견하도록 권면 할 수 있다. 그런데 이 관계의 의미는, 예수 그리스도와 삶과 영원할 뿐만 아니라 일상적인 삶 사이에서 하나님이 만드신 것이다. "하나님나라의 비밀을 너희에게는 주었으나 외인에게는 모든 것을 비유로 하나니 너희가 이 비유를 알지 못할진대 어떻게 **모든** 비유를 알겠느뇨"막4:11-13 따라서 우리는, 역사와 우리 인간의 삶 속에서, 예수 그리스도의 행적이 기술된 이 모든 비유를 이해해야 하는 짐을 안고 있다. 인간의 삶과 역사에 의미를 부여할 수 있는 것은 바로 우리의 이해뿐이다. 우리가 감당해야 할 이 미친 탐험을 우리가 이해할 가능성은 오직 예수 그리스도 안에서뿐이다. 왜냐하면, 예수 그리스도는 이 어둠들 가운데서 인격이고, 이 사실들의 소용돌이 가운데서 사건이며, 이 종교들 가운데서 신앙의 지도자이자 완성자이기 때문이다. 세상의 모습을 따라 헛된 사색 속에서 혹은 헛된 정치적 사회적 선동 속에서 자신을 잃어버리는 대신에, 기독 지식인들의 크고 진정한 과제가 바로 여기에 있다. 즉 그리스도의 사건을 통해 세상의 정치적 사회적 영역 및 다른 모든 영역에 다시 방향을 제시하고, 그리스도 사건 안에서 세상으로 하여금 실망하지 않는 참된 소망을 발견하게 하는 것이다.

자각의 세 번째 결과

세상과 인간에 대한 자각의 마지막 결과는 교회와 세상을 위해 행해야 할 기독 지식인들의 일이 얼마나 시급한지를 우리에게 보여줄 것이다. 다른 누구도 이 일을 할 수 없다. 오늘날, 오직 그리스도인들만이 절박한 요구들에 대해 진지하게 응답할 가능성을 지니고 있다.

물론 항상 그리스도인들만이 그것을 할 수 있었다는 의미는 아니며, 또 그리스도인들만이 절대적으로 가능한 유일한 해법도 아니다.

우리는 앞에서 어떻게 인간지성이 자기 마음대로 사용해야 할 표현 수단의 노예가 되었는지를 살펴보았다. 지성의 해방 문제는 지적인 기술들을 복원하는 것이다. 그런데 인간 지성이 가장 효과적인 하나의 표현수단만을 가지는 한, 지성은 절대적으로 표현수단과 결별할 수 없고, 또 세상에 대해 다르게 행동할 수 없다. 결국, 사람들이 지성 해방에 도달하는 것은 인위적으로 다른 표현수단을 창조한다고 해서 될 문제가 아니다. 마찬가지로 그 이유는 이미 앞에서 언급했다.

사실상 이 문제의 해답은, 그것이 아주 이상하게 보일지 몰라도, 세속적인 것과 거룩한 것 사이의 경계를 발견하는 데에 있다. 즉 세속적인 것과 종교적 혹은 기독교적인 것과의 대립이 아니다. 이때 거룩한 것이란 오토Otto, 29)가 사용한 것과 거의 같은 의미로서 거룩한 것을 말한다. 그러나 이것은 이성적 분할로 두 영역을 인위적으로 만듦

---

29) [역주] 루돌프 오토(Rudolf Otto:1869-1937), 독일 루터교 신학자. 특히 그의 대표작, 『성스러운 것』에서 그는 '신관념에 있어서의 비합리적 요소 그리고 그것과 합리적 요소와의 관계'에 관한 연구를 하였다. 그의 시각에서 합리적인 것과 비합리적인 것은 다음의 글에서 잘 요약되어 있다. "한 대상이 어떤 특별한 경우에 생각되건 생각되지 않건, 느껴지건 느껴지지 않건 간에 그 대상이 개념적으로 분명하게 사유가능하게 될 때 그것을 합리적이라고 부를 수 있다. 반대로 그 대상이 느껴지건 느껴지지 않건, 생각되건 생각되지 않건 간에 이러한 개념적 명증성의 영역밖에 우리의 개념적 사유로는 잡히지 않는 것을 비합리적인 것이라고 부른다." 그런데 그는 성스러운 것은 합리적인 요소와 비합리적인 요소로 구성되어 있다고 보았다, 특히 칸트도 사용했던 라틴어 '누멘'noumen이란 어휘를 통해 성스러운 비합리적인 요소를 설명하였고, 이 개념이 대부분의 종교경험에서 가장 중요한 요소라는 것이다. 그래서 그는 이 의미를 이해하는 것이 종교연구의 핵심이라고 보았다. 결국 종교경험이 종교경험으로 구별될 수 있는 분명한 이유는 바로 이 '성스러운 체험'때문이다. 이러한 그의 시각은 폴 틸리히, 엘리아데, 하이데거, 가다머, 칼 융 등등 20세기 신학자, 철학자, 인류학자들에게 큰 영향을 미쳤다.

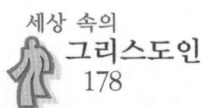

으로써 이루어지지 않는다. 지성의 해방은 지성에 의하여 두 영역이 존재한다는 사실을 인식해야 한다. 또한, 그것은 사실들 속에 존재하는 두 영역의 경계를 점차적으로 발견하는 것이다. 현대적 연구방법론을 가지는 지적 활동은 거룩한 것의 경계선까지 접근할 권리를 가지고 있지만, 그 너머로 가지 못한다.

그러나 실제로 지적활동은 거룩한 것을 침범할 수 있다. 그것은 거룩한 것을 지배할 수도 있고 파괴할 수도 있으며, 또한 부정할 수도 있다. 그것은 기계적 수단에 의하여 자신의 능력 너머에 있는 것을 침범할 수 있다. 바로 그것으로 말미암아 우리가 지성을 인간과 사회에 적용할 때 물의를 일으키는 것이다. 우리는 기술적인 힘으로 세상과 인간의 균형을 무너뜨렸다. 그것은 세상의 구조들처럼, 삶 전반에도 영향을 미치고 있다. 우리는 삶의 모든 영역에 우리의 지적 도구들을 무차별적으로 적용함으로써 세상의 균형요소 중 하나를 파괴했다. 거룩한 것의 경계를 재발견하는 것, 지성적 훈련 속으로 갈 수 있는 한 끝까지 가는 것, 그러나 거룩한 것을 침범할 위험이 있을 때 자발적으로 멈추는 것, 바로 여기에 지적탐구의 중요한 기능이 있다. 그런데 인간의 지적탐구에 대한 다른 방향성을 인정해야만 한다. 그것은 일종의 제한을 가하는 것처럼 보일 수 있다. 그런데 사실 그것은 인간이 지성보다 우위에 있고 초월해 있는 판단기준들을 가지고 있다는 것을 전제하는 것이다. 인간지성은 자기에게 가능한 모든 것을 할 수 있을 만큼 자유롭지 않다. 인간지성은 모든 것을 할 수는 있지만, 할 수 있는 모든 것을 원하지 말아야만 한다. 따라서 재발견해야만 하는 것은 지적인 절제이다. 지적 절제는 의사, 물리학자, 생물학자뿐만 아니라 법학자, 경제학자, 농학자로 하여금, 지적활동에서 사용되는 어떤 수단들을 포기하게 할 것이며, 어떤 개입을 포기하게 할 것이다. 또한, 그것은 다음과 같은 점에서 일종의 한계이다. 즉 인간지성은 지적 범위 밖에 존재하는 영역이 존재하고, 적어도 기술적 수단이란 행위를 통해 파악할 수 있는 범위를 넘어선 영역이 존재함을 인정하게 한다는 점에서 한계이다. 그러나 이것은 현재 인간지성에 자신의 진정한 힘을 회복시키고, 현실세상 안에서 기술의 위치를 제자리에 놓으려고 우리에게 열려 있는 유일한 길이다. 왜냐하면, 인간지성은 거룩한 것과 세속적인 것의 경계를 재발견하면서, 그것을 통해 세상의 현실과 새로운 행동의 가능성을 재발견하기 때문이다. 또한, 인간지성은 세상의 영원한 구조를 재발견하기 때문이다. 지성은 자신의 능력을 명백히 축소하면서 진실로 스스로 균형에 도달하게 되고, 또 다른 능력을 보이게 된다. 또한, 이것은 세상에서 어떤 활동을 할 수 있는 것은 세상의 영적 구조를 파악함으로 가능하다는 것을 알도록 한다. 따라서 우리의 지적인 방법론들이 사라지게 하였던 엄청난 가능성이 다시 열리게 된다. 이는 거룩한 것을 독점해야 한다거나, 지성으로 거룩한 것에 영향을 미치려고 노력해야 한다고 주장하는 것이 아니다. 오히려 인간지성은 현대기술과 다른 길에서, 거룩한 것의 중개를 통하여 물질 세상에 영향을 미치는 수단들을 발견할 수 있다는 것이다. 바로 이것이 우리 지적 체계가 현재 준비되고 있는 파멸을 회피할 수 있는 유일한 방법이다. 한편, 나는 영적인 것을 존중하기 위하여 물질적인 것을 부정해야 할 가능성을 주장하는 것이 결코 아니다.

그런데 현재는 오직 기독교만이 세속적인 것과 거룩한 것 사이를 나누는 경계선을 발견할 수 있게 해준다. 예를 들어 사회학자들 혹은 심리학자들이 말할 수 있는 것은 오직 인간영역에 제한되어 있으며,

학문의 대상이라는 각도에서 연구될 뿐, 이것은 절대적으로 소용될 수 없다. 다른 종교들이 보여줄 수 있는 것은 오직 거룩한 것뿐이며, 그것들은 현재에는 도움이 안 된다. 왜냐하면, 거룩한 영역에서 상황은 매우 복잡하고 절망적이어서, 여기서는 성령의 개입만이 인간의 지성에 이 일을 하기 위한 충분한 명료성과 자제심을 줄 수 있기 때문이다. 틀림없이 성서 안에서 거룩한 영역과 세속적 영역에 대한 많은 가르침이 있다. 끊임없이 사람들은 인간과 자연 안에서 이 거룩한 영역을 발견하는데, 이것은 구원과 관련된 종교로서가 아니라, 세상을 보존하기 위해 하나님이 원하는 세상의 질서를 구성하는 요소로서이다. 거룩한 것은 절대 하나님과 가까이 있지 않다. 그것은 세상 일부를 구성하고 있다. 그러나 그 영역은 불경한 우리의 손이 닿는 범위를 벗어난 곳에 있는 본질적인 부분이다. 왜냐하면, 하나님이 그와 같이 그것을 배치해 놓으셨기 때문이다. 또한, 단지 객관적으로 그것을 아는 것, 또는 성서 안에서 그것을 발견하는 것만으로 충분하지 않다. 왜냐하면, 거룩한 것은 우리에게 실제적인 적용방법을 전혀 제시할 수 없으며, 또 우리에게 우리 시대를 위한 경계선을 가리켜주지도 않기 때문이다. 또한, 그것은 우리에게 인간지성이 순종하게 하지도 못한다. 이 지성은 엄청난 오만함 속에서 모든 것이 허가된 것으로 생각하고 모든 지혜를 거부한다. 이 지혜는 대단히 엄하게 최고 권위를 인정하는 것한테서 올 수 있다. 그런데 최고 권위는 외부로부터 인간정신에 부과되고, 정신에 규칙을 주며, 동시에 인간정신의 진정한 기능을 복원시킨다.

    결국, 정치적 사회적 영역과 연관된 지적 영역 안에서 우리가 처한 모든 상황에 대한 총체적인 검토와 새로운 시작을 해야만 한다. 이 재구성은 한 사람의 작업일 수 없으며, 또 오로지 인간의 노력으로 이루어지는 작업일 수 없다. 이 일은 지식인뿐만 아니라 모든 사람을 위해 필연적이다. 왜냐하면, 그리스도인들이 이 일을 하지 않는다면, 그들은 사회적 혹은 정치적 세계에서 그들의 태도와 관련하여 다른 어떤 희망도 품을 수 없기 때문이다. 즉 그들이 세상에서 할 수 있는 모든 것은, 그들이 현재 하는 모습대로 유치하고, 소용이 없고, 시대착오적인 것이 될 것이다. 오직 그리스도인들만이 맞설 수 있는 앞의 질문들에 대해서 근본적으로 의식하지 않은 채, 그리스도인들이 세상의 사회적이고 정치적인 모든 배에 타는 것을 보는 것은 안타깝다.

기독 지식인들은 이 거대한 문제제기를 실행해야만 한다. 그것은 자신의 손으로 만들어 놓은 미로 속에서 헤매는 세상을 위한 것이며, 또한 만들어진 모든 지적 범주들과 결국 단절해야만 하는 교회를 위한 것이고, 믿음의 삶에 대한 진정한 교육을 받아야만 하는 교회의 다른 지체들을 위한 것이다. 기독 지식인들의 일은 추상적인 즐거움이 아니다. 그것은 세상을 보호하고 교회를 세우는데 효과적으로 참여하는 것이다. 기독 지식인들의 일이 단순히 이유 없는 순진한 연습의 문제일 수 없는 이유가 바로 이것 때문이다. 즉 우리가 부름을 받은 것은 두뇌의 체조가 아니다. 지식인들이 구체적인 것에 뿌리내린 지적인 삶의 근원을 재발견하는 것은 특히 기도와 묵상을 통해서이다.

다섯 서론과 결론

그리스도인이라면 시대정신에 따라 흐르는 대로 사는
편리함에 대해 저항할 필요가 있다.
세상에서 살려면 세상을 심도 있게 알아야 할 필요가 있다.
　또 세상에서 일어난 사건들의 의미와 현대인들이
상실했던 영적인 통찰력을 재발견할 필요가 있다.
이것은 새로워야 하고 겸손해야 하기 때문에 어려운 일이다.
그러나 이를 시도하기 위한 모든 것이 우리에게,
즉 오직 그리스도인에게 주어졌다.

서론과 결론

앞의 내용에서 우리는 단지 개략적이고 단편적인 지침들만을 제공했을 뿐이다. 이것은 모든 해결 방안들을 제시하고자 한 것이 아니라, 단지 다시 새로워진 교회의 사역에 길을 열려는 의도였다. 이 이유 때문에 본 연구에서 결론인 5장이, 우리 문명의 문제들을 모든 측면에서 또는 교회와 그리스도인을 위한 구체적인 반향 속에서 파악하는 광범위한 연구의 서론이 된다. 만약 믿음 안에서 형제들이 여기서 제기된 문제들의 긴급성과 깊이를 느낄 수 있었다면, 책을 집필하는 데 소요된 시간은 나에게 혹은 독자들에게 손실이 아닐 것이다.

내가 쓴 모든 것이 대단히 지적이고 아마도 추상적인 모습을 보였다는 것을 잘 알고 있다. 그렇지만, 그것은 철학적 유희의 문제가 아니었으며, 세상에 대한 이론적 혹은 구술적 지식의 문제도 아니었다. 그러나 이 세상은 앞선 어떤 세상들보다 훨씬 더 복잡하다. 이 세상을 한번 파악하려면 막대한 지식이 필요하다. 여기서 내가 쓴 모든 것은 사실상 상당히 많은 사실을 종합해보려고 시도한 것에 불과하다. 현 세상에 대한 나의 확신에 찬 분석 배후에는 나 자신의 경험이 있다. 그 내용을 증명하기 위하여 나는 여러 사례를 제시할 수 있다. 그러나 그것을 하려면 나에게 여유가 필요한데, 오늘날 세상은 그것을 허용하지 않는다. 결국, 시간이 없어서 이 작업을 못한다. 내가 다룬 모든 것은 구체적이고 잘 알려진 사실들에 근거하고 있다. 그러나 일반적으로 우리는 그림자 왕국 속에서 그림자처럼 사실들 속에서 주의를 기울이지 않고 그냥 스쳐 지나간다. 시간의 바람은 날마다 우리의 달력과 신문 페이지를 넘기고 권력의 흥망성쇠를 낳지만, 우리는 영적인 통찰 없이, 아무 기억과 판단도 없이, 우리에게 언제나 과거가 되는 역사의 흐름을 반영한 모든 이론에 따라 갈피를 못 잡고 살아간다. 따라서 이렇게 시대정신에 따라 흐르는 대로 사는 편리함에 대해 저항해야 할 필요가 있다. 세상에서 살려면 세상을 심도 있게 알아야 할 필요가 있다. 또 세상에서 일어난 사건들의 의미와 현대인들이 상실했던 영적인 통찰력을 재발견할 필요가 있다. 이것은 새로워야 하고 겸손해야 하기 때문에 어려운 일이다. 그러나 그것을 시도하기 위하여 모든 것이 우리에게, 즉 오직 그리스도인에게 주어졌다.

1장. 세상 속에서 그리스도인의 일과 투쟁

더 간단한 상황에서 다시 출발해 보자. 우리의 교회와 우리의 기독교적 행동을 생각해 볼 때, 우리에게 가장 두드러지게 드러나는 확실한 사실은 복음사역의 근본적 무기력이다. 소위 기독교 문명을 가진

국가들은 급속도로 세속화되어 가고 있다. 사람들은 교회의 메시지를 점점 듣지 않고 있다. 이 시간 동안 아프리카 혹은 아시아 선교는 느리게나마 성장을 하고 있다. 이 국가들의 국민은 기독교의 비약적 발전을 맛보기도 전에 벌써 쇠락의 길로 휩쓸려가고 있다. 전 세계는 복음을 더 듣지 않는다. 하나님의 말씀은 더는 사람들의 삶의 현실 속으로 침투하지 않는다. 현대인들은 다른 해결 방법을 찾고, 다른 약속에 귀를 기울이며, 다른 복음을 듣는다. 바로 이것이 의식 있는 모든 그리스도인이 염려하고 불안하게 생각하는 주제이다. 이것을 기술하기는 쉬울 수 있다. 그러나 중요한 것은 다음과 같은 질문이다. 왜 우리가 이와 같은 상황에 놓여 있는가? 우리는 이 상황에서 무엇을 할 수 있는가?

우리에 앞서 많은 사람은 이 질문을 제기했다. 사람들은 수많은 해결방안을 제시했지만, 그것들은 나에게 모두가 피상적으로 보인다. 왜냐하면, 오늘날 복음을 중립화시키기 위한 사탄의 전략이 어떤 것인지를 무엇보다 더 인식해야 할 필요가 있기 때문이다. 우리가 이 중심적인 사실에 놓여 있지 않는다면, 우리는 아무것도 이해할 수 없을 것이다. 그러므로 우리는 어떤 해결방안을 바라기 전에 현 상황을 아주 정확하게 그리고 깊이 알아야만 한다. 복음은 이제 삶의 현실 속으로 파고들지 못한다. 우리는 막다른 골목에 다다른 것처럼 보인다. 그런데 우리가 통과하기를 원한다면, 문을 찾거나 혹은 벽에 구멍을 만드는 것이 필요하다. 그러므로 우리는 먼저 문이 있는지 알려고 이 벽을 인식해야만 한다. 따라서 우리는 현 세상을 탐구해야만 한다. 만약 내게 보이는 것처럼 문이 없다면 벽에 구멍을 만드는 데 필요한 도구들을 가져야만 한다. 사실 앞의 모든 연구는 이 도구들, 즉 복음이 부덮치는 이 벽의 두께를 뚫을 수 있는 것에 대한 연구였다.

나는 사람들이 "이 일이 무엇에 도움이 되는가? 복음을 단순하게 선포하는 것으로 충분하지 않은가?"라고 말할 것이라는 점을 잘 안다. 사실상 스스로 말하는 하나님 말씀의 효율성에 대한 이러한 확신은, 우리 동시대 사람들에 대한 사랑의 결핍과 인류가 처한 구체적인 상황에 대한 무관심, 그리고 어떤 기준에서는 하나님의 뜻을 따르지 않는 영성주의를 나타내는 것이다. 성서는 항상 실제적인 상황과 삶의 틀 안에 있는 인간을 붙잡아 주고, 인간이 시대의 문제들 속에서 시대의 도구들을 가지고 행동하게 하시는 하나님을 우리에게 보여준다. 우리가 성 이레니우스 혹은 칼빈이 했던 것처럼 오늘날 우리가 모방하길 원한다면, 우리는 오류를 범하는 것이고 성실하지 못한 것이다. 우리가 성 어거스틴 혹은 루터가 그들의 시대의 문제들을 서술했던 것처럼, 우리가 현 세상의 문제들을 생각한다면, 우리는 오류를 범한 것이고 비효과적으로 행하는 것이다. 우리 시대는 대단히 복잡한 문제들을 제기한다. 즉 우리의 사회조직은 지난 세기들의 사회조직보다 더 복잡하다. 양심과 기독교 신앙에 제기하는 질문들도 마찬가지이다. 시간이 흘러감에 따라 인간은 매일 자신의 시대를 지배하는 능력을 더욱더 상실해 가는 것처럼 보인다. 그런데 우리가 세례요한의 역할을 하여 "광야에서 설교합시다. 벽 앞에서 말하는 것으로 충분합니다. 하나님께서 우리의 메시지를 듣도록 하실 것입니다"라고 말하는 것은 좋은 방법이 아니다.

우리는 "나는 심었고 하나님은 자라게 하셨다"라는 진지한 말도 오늘날의 상황에서는 할 수가 없다. 즉 우리는 오직 야곱처럼 날이 샐 때까지 휴식 없이 씨름하는 것이며, 우리의 힘의 한계까지 투쟁하는

것이다. 그리고 그 패배의 절망을 맛보고 난 후에만이 하나님의 손 가운데 자신을 포기하고, 하나님의 역사 하심에 모든 것을 맡길 수 있다. 이때 하나님은 우리에게 눈과 귀와 마음을 여실 것이다. 무작정 모든 것을 하나님께 돌리고 자신은 포기한다면, 자기가 스스로 말하는 하나님에 대한 신뢰와 전통신앙은 단지 위선이고, 비겁함이며 게으름일 뿐이다. 내가 이 책에서 썼던 유일한 메시지는, 우리가 맞서야 할 적이 누구인가, 사용해야 할 무기가 어떤 것인지를 보여주면서, 이 싸움에 초대하는 것이다. 이것을 이해할 때만이 가치를 가진다. 따라서 하나님의 말씀은 이 싸움의 중심에서 선포될 수 있으며, 다른 곳에서는 아니다. 우리가 우리 시대의 사람들의 구체적인 상황을 진실로 진지하게 고려할 때, 그들의 고뇌의 부르짖음을 들을 때, 왜 그들이 우리의 삶 속에서 실천되지 않은 복음을 원하지 않는지를 이해할 때, 우리가 그들의 육적이고 영적인 고통, 그들의 절망과 그들의 버려짐에 참여할 때, 그리고 모세와 예레미야가 그들의 백성에 대해 한 것처럼, 예수께서 방황하는 무리들, 즉 목자 없는 양떼들에 대해 한 것처럼 우리 동족과 보편 교회와 연합할 때, 그때에야 비로소 우리 목소리는 하나님의 말씀을 알릴 수 있을 것이다. 그러나 그전에는 아니다!

세상 속에서 그리스도인의 활동

구체적인 현실에서 떠나있는 사람들을 위해, 또 구체적으로 복음을 들을 수 없는 상황 속에 있는 사람들을 위해 하나님의 말씀을 추상적으로 선포하는 것은 하나님을 시험하는 것이다. 한 번 더 신랄한 주님의 말씀을 묵상해야 한다. "너희 진주를 돼지 앞에 던지지 말라. 저희가 발로 밟고, 당신에게 대항하여 당신을 찢어 상할까 염려하라."

마7:6 이 **말씀**은 현재 교회와 세상 간의 관계를 정확하게 묘사하는 것이다. 복음의 진주를 받은 교회는 이 진주를 거룩한 무관심을 가지고 돼지먹이처럼 던진다. 좋은 그리스도인도 포함하여 우리는 모두 아주 철저하게 물질적 세상이란 암석 속에 갇혀 있으며, 경제적이고 정치적인 문제들에 또 재정적인 두려움, 근심 그리고 그들의 현실주의에 빠져 있고, 또한 세상의 구조 속에 완전히 통합되어 있다. 사람들은 교회를 향하여 말한다. "우리는 당신들의 진주로 먹고 살 수 없으며, 그것의 겉치장에 만족할 수도 없소. 당신은 우리가 그것을 가지고 무엇을 하길 바라시오? 그것은 우리의 현 상황에서 아무 소용이 없단 말이요". 이것은 사실이다. 그들은 그들에게 좋은 말과 환상을 제공한 교회를 향해 교회를 무너뜨리려고 돌진한다. 그러나 그들은 잘못 생각하고 있다. 왜냐하면, 하나님의 말씀은 영원토록 유효하기 때문이다. 만약 그 말씀이 오늘날 그들에게 아무 것도 주지 않는다면, 그들이 거짓된 상황 속에 있기 때문이다. 변화해야만 하는 것은 말씀이 아니고, 그들 자신의 삶이 변해야 한다. 그것은 그들의 상황이다. 그러나 그들이 교회에 대해서 느끼는 감정은 옳은 것이다. 왜냐하면, 하나님의 말씀이 전체 인간의 삶의 조건 속에서 이해되기 위해서 이 상황의 변화를 주도해야 하는 것이 바로 교회이기 때문이다. 교회는 자기 진주를 뿌리는 것에 만족해서는 안 된다. 먼저 교회는 돼지가 진주를 받아들일 수 있게 하려고 사역해야 한다. 교회는 인간들을 두 부류, 즉 복음을 알리지 말아야 하는 돼지들, 즉 공산주의자, 비순응주의자, 잘못된 사상을 가진 자, 노동자들과 돼지가 아닌 자, 즉 현대세상이 계속하여 양산해 내는 우울하고 착한 양으로 구분해서는 안 된다. 교회가 해야만 하는 일은, 모든 사람이 사실상 이 복음을 들을 수

있는 경제적, 지적 그리고 심리적, 육체적 상황 안에 그들을 놓아두는 것이다. 이런 상황 속에서 사람들은 매우 박진감을 느껴서 하나님의 말씀이 그들에게 의미가 있게 되며, 또 그들은 복음을 받아들이든지 아니든지 충분히 책임질 수 있을 것이다. 그들이 무엇을 선택할 것인가에 관한 비밀은 하나님께 속한 사항이다. 그러나 그들은 최소한 스스로 결정할 수 있어야 하고, 진주 앞에 돼지처럼 반응하게 되는 조건 속에 놓이지 말아야만 한다. 돼지 앞에 진주란 없다! 인간은 이 돼지가 되는 것을 멈추어야만 한다. 이 일은 은혜로 되는 것이 아니다. 이 일은 오늘날 매우 어려운 일이지만 사람이 감당할 수 있는 사람의 일이다. 그리스도인들은 특별히 이 일에 부름을 받았다. 왜냐하면, 다른 사람들보다 그들은 인간의 실제 상황을 정확하게 볼 수 있으며, 다른 사람들보다 이 상황이 어디로 갈 것인지 또 그것의 목적이 어떤 것인지를 보기 때문이다.

혁명이 불가능해진 세상에서 문명의 심층구조를 공략하는 혁명은 필요하다. 그런데 문명 속에서 행하는 모든 노력은 오직 유일한 목적을 향하는데, 그것은 모든 인간을, 성서라는 진주를 절대 받아들일 수 없는 돼지로 변형시키는 것이다. 또한, 우리에게 필요한 것은 어떤 여지도 없이 우리 마음을 빼앗은 권력욕, 문란함, 무제한적인 수단의 교만함에 완전히 지배당한 세상 안에서, 인간 활동의 의미, 수단과 목적의 상황, 인간의 참다운 위치를 재발견하는 것이다. 그리고 삶의 여건, 계급, 편견들에 의해 왜곡된 인간관계가 지성의 손길에 붙잡혀서 인격적이고 살아있는 영역을 재창조하기 위하여, 인간들 사이에서 새롭게 의사소통하는 것이다.

세상 속에서 활동하고, 세상의 물질적 조건을 변혁시키기 위해 출발해야 하는 곳이 바로 이 지점이다. 이것이 없다면, 또 이와 같은 실제적인 노선이 없다면, 그리스도인들은 아주 선한 의도에도, 공동의 협력이나 깊이 있는 판단이 부재한 채, 종종 진정한 사역에 반대되는 산발적인 일만을 할 수 있다. 그런데 우리는 기본적으로 이러한 노력을 하면서 두 가지 오류를 피해야 한다. 하나는 순수하고 단순하게 세상의 이념 중 한 가지 태도, 즉 "이상적인 그리스도인"과 가장 일치하는 듯이 보이는 태도를 받아들이는 것이다. 즉 사람들은 자기 취향과 감정에 따라서 공산주의자, 자유주의자, 평화주의자, 인격주의자 등이 되는데, 그들은 기독교 진리 중의 한 가지만을 부각시키면서 자신들의 입장을 정당화한다. 그러나 세상 안에 있다는 구실로 그와 같은 사상을 받아들이는 것은 사실상 세상에 예속되는 것이다. 그것은 다시 세상에서 존재하는 것이 아니라,30) 세상에 굴복된 것이다. 그것은 더는 세상과 대화하는 것이 아니라, 세상과 합창하는 것이고 세상의 길로 걸어가는 것이며, 세상의 방법을 수용하는 것이다. 또한 세상에서 그리스도인이라는 외적 모습을 지녔음에도, 사탄의 수완에 넘어간 것이다. 또 다른 오류는 이 세상을 위한 하나님의 질서를 성서 안에서 단순하게 찾으려는 것이다. 그것은 객관적으로 그 질서를 설명하고, 도표로 그것을 그리고, 또 어떤 신비한 모방에 의하여 세상이 부드럽게 이 신적인 질서에 가담하기 시작하길 기대하면서 이 이데올로기적인 작업 정도에 만족하는 것이다. 사실 이 태도는 세상 속에서 할 수 있는 활동을 거부하는 것이다. 비록 이 연구들을 할 수 있는

---

30) [역주] 여기서 세상에서 존재한다는 것은 이 책의 원제목 『현대 세상에서 존재함』을 떠오르게 한다. 프랑스어의 '존재함'이란 단어는 수동적이고 무기력하게 하루 하루를 살아가는 것이 아니라 분명하게 자기 정체성을 가지고 세상의 도전과 유혹에 맞서서 살아낸다는 의미를 내포하고 있다.

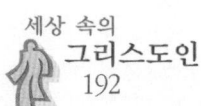

구체적인 선언들이 만들어지고, 아마도 개혁을 위한 제안들이 상세하게 가시화되었음에도 이 태도는 그와 같을 뿐이다. 이 태도는 절대 세상에서 존재하는 것이 아니라 단지 충고할 뿐이며, 교리로 이야기 하는데 그칠 뿐이다.

사실 두 오류 중 어떤 경우이든지, 부족한 것은 매개적 입장이다. 즉 우리의 기독교적 행동을 멈추게 하는 영원한 "잃어버린 고리"missing link, 31)이다. 나는 예수 그리스도의 현재적이고 종말론적 주권의 개념으로부터 파생된 결과물들 속에서 이 "잃어버린 고리"를 찾을 수 있다고 생각한다. 이 관점에 비추어 나는 세상에서 그리스도인이 존재함으로써 이해할 수 있는 것이 무엇인지를 설명하고자 노력했다. 그러나 이것은 다양한 측면 중 한 측면에 불과한 것이지만, 나는 이 문제를 집중적으로 주장해야만 했다. 왜냐하면, 그것은 나에게 오늘날 사람들이 잘 알지 못하고, 동시에 더 긴급한 것처럼 보였기 때문이다.

기독교적 삶의 양식 창조

오늘날 기독교가 세상에서 접촉점을 가지려고 경제적 혹은 정치적 이론 또는 그와 관련된 입장을 가지는 것보다 새로운 삶의 양식을

---

31) [역주] "잃어버린 고리"는 생물 진화과정에서 이론상 존재해야 함에도 아직까지 발견되지 않고 있는 생물종을 의미한다. 시조새(날개가 있는 파충류)가 좋은 예로 조류와 파충류의 중간형인 이 생물은 이론과 달리 아직껏 화석이 발견되지 않고 있다. 잃어버린 고리는 진화학상 또는 분류학상 중요한 의의를 갖기 때문에 많은 학자들이 이를 찾기 위해 애를 쓰고 있다. 한편 문학비평에서는 중간단계가 생략되고 논리적 비약이 심할 때 이 말을 종종 쓴다. 여기에서는 한 계열을 이루는데 빠진 부분을 가리키는 말로서, 그리스도인들의 현실 참여를 가능하게 만들어줄 이론적 연결고리를 의미한다.

창조하는 것이 더 중요하다. 그리스도인의 첫 번째 일은 계시에 대한 신실성으로 이루어지지만, 계시에 대한 이 신실함을 일상생활 속에서 구체화하는 것은 오직 이 새로운 삶의 양식을 창조함으로써만 가능하다. 이것이 "잃어버린 고리"이다. 중세에는 그 시대 삶의 양식이 있었다. 16세기에는 독특한 개혁된 삶의 양식이 있었다. 이것을 르네상스 삶의 양식과의 대립 속에서 파악하는 것은 대단히 흥미롭다. 영적인 어떤 특성을 더는 가지고 있지 않은 부르주아적 삶의 양식이 있었으며, 공산주의식 삶의 양식도 있다. 그런데 이제는 절대 기독교적인 삶의 양식이 존재하지 않는다. 우리는 그것을 보존해야 할 환상이 있지도 않다. 사실 교리는, 그것이 삶의 양식을 형성하고, 또 오직 교리와 맞는 삶의 양식을 지닌 사람들에 의하여 수용되고, 믿게 되고, 받아들여질 때만이 힘을 가질 수 있다. 이 힘은 하나님이 교리에 부여한 힘과는 별도이다. 마르크스주의 사상이 놀라운 발전을 했던 것은, 마르크스 사상이 전달된 사람들의 상황에 대해 이 사상이 진실한 방법으로 설명했기 때문이고, 또 이 사상이 경제적이고 사회적인 조건들에 의해 조성된 삶의 양식에 매우 강하게 토대를 두고 있기 때문이다. 오늘날 자유주의 혹은 사회주의가 지닌 극도의 취약점은 그것들이 더는 삶의 양식과 일치하지 않는다는 것이다. 부르주아들은 점점 그들의 삶의 양식을 잃어가고 있으며, 그에게 남아있는 것은 현실과 관계가 없는 낡은 관습일 뿐이다. 중류층, "노동자 엘리트"는 부르주아 계층을 막연히 모방만을 할 뿐이다. 사실 오늘날 삶의 양식을 가진 계층은 오직 노동자 대중뿐이다. 그러나 그들에게서 새롭게 보이는 현상은, 삶의 양식이 르네상스 시대처럼 선택과 창조로부터 오는 것이 아니라, 삶의 종류, 직업, 사회적 지위에 의해 부여된다는 점이

다. 이런 구속적 특성에도, 그들의 삶의 양식은 다른 사람들과 구분된다는 점에서 독특하며, 나름대로 정신구조와 새로운 윤리를 만들어 내고, 이 삶의 양식을 수용한 사람들 간의 유기적 연대성을 형성한다. 마지막으로 그들의 삶의 양식은 개인과 그가 속한 사회 집단 간의 깊은 일치를 보여준다.

교회의 효과적 사역과 세상 속에 교회가 개입해야 할 필요성을 고려해 본다면, 교회의 첫째 목적은 삶의 양식의 창조여야만 하는 것처럼 보인다. 왜냐하면, 만약 그리스도인의 삶을 생각해 본다면, 우리는 그들이 좋은 아들, 좋은 아버지, 좋은 남편, 좋은 고용주, 좋은 노동자라는 것을 확실히 발견한다. 이때 '좋은'이란, 아라공32)이 말한 바, 좋은 빵이라고 할 때의 '좋은'이다. 그들은 많은 개인적 자질이 있지만, 집단적 차원에서 어떤 삶의 양식이란 존재하지 않는다. 오히려 그들은 정확하게 사회적 조건에 의하여 그들에게 부여된 삶의 양식만 가지고 있다. 다시 말해 그들은 그들의 사회계급, 그들의 국가, 그들의 환경 등에 의하여 조건화된 삶의 양식을 가질 뿐이다. 그들의 삶의 양식을 조건화시키는 것은, 이제는 절대로 그들의 영적인 조건이 아니다. 그것은 그들의 정치적 혹은 경제적 조건이다. 이 점에서 그들은 마르크스주의가 주장하는 일시적이고 현세적인 사상에 대한 명확한

---

32) [역주] 루이 아라공(Louis Aragon, 1897-1982)은 파리에서 태어난 프랑스의 시인·작가이다. 제1차 세계 대전 후에는 다다이즘과 초현실주의 운동을 하였고, 1930년에는 국제 혁명 작가 대회에 참석하였다가 초현실주의를 떠났다. 1934년 시집 『우랄 만세』와 연작소설 『현실세계 Le Monde』의 첫 권을 냈고, 좌파 작가로서 반파시즘 운동에 참가하다가 제2차 세계대전에도 참전하였다. 제2차 세계대전 중에는 『단장 Le Créve-cœur』(1941) 『엘자의 눈 Les Yeux d'Elsa』(1942) 『프랑스의 기상나팔 La Diane française』(1945) 등의 뛰어난 시편을 발표하였으며, 남프랑스의 레지스탕스 문화 운동을 지도하였다. 또한 그는 전국 지식인 동맹 서기장으로 활약하기도 하였다. 평론집 『스땅달의 빛』 『소비에트 문학론』 등이 있다.

증거이다. 그런데 현재 많은 그리스도인은 이 상황을 참을 수 없어 하며, 만약 이 상황이 계속된다면, 서구 교회는 결정적으로 붕괴할 것이라는 점을 완전히 이해하고 있다. 기독교 삶의 양식을 창조하는 문제는 절대적으로 핵심적인 문제이다. 왜냐하면, 이 세상 속으로 기독교가 통합되는가 아니면 세상 속에서 창조적 힘을 갖는가의 문제가 바로 이 문제에 달렸기 때문이다.

우리는 교회의 끈질긴 노력으로 점차 열린 모든 삶의 양식들이 수렴되어 모인 사거리에 있다. 에큐메니즘적33) 삶이 바로 그곳이다. 즉 그리스도인들의 재산상태가 어떻든지, 그들이 소속된 다른 사회집단이 어떻든지, 그리스도인들은 삶 속에서 삶의 양식을 보여야 한다. 또한, 직업적 연합의 삶도 여기에 속한다. 왜냐하면, 자신의 신앙을 자신의 직업 속에서 실천하려는 노력은 새로운 삶의 양식을 창조하게 하기 때문이다. 또 기독교 문화를 연구하는 길, 세계에 사는 프롤레타리아 계층을 진실하게 구체적으로 복음화하는 길, 그리고 새로운 삶과 교구와 교회의 신앙을 위한 새로운 형태를 발견하는 길도 여기에 속한다.

이처럼 삶의 양식을 창조하는 것은 집단적인 동시에 개별적인 사역이다. 그것은 진실로 자신의 신앙을 자신의 삶의 구체적인 모습 속에서 구현하려는 각각의 그리스도인의 일이다. 또한, 새로운 삶의 양

---

33) [역주] 에큐메니컬 운동은 기독교의 각 교파들이 다양성을 인정하고 교류와 협력을 할 것을 주장하는 운동이다. 즉 일반적 의미의 교회 일치 운동은 개신교에서 17~18세기의 복음주의 운동과 19세기의 아시아 등에서의 선교 운동 및 기독교 청년 운동의 과정을 거쳐 20세기에 들어서면서 시작되었다. 현대교회에서는 그리스도인들이 개신교, 로마 가톨릭 교회, 성공회, 정교회, 동방정교회등의 여러 교파들로 분열되어 다툼을 벌임으로써 선교활동에 지장을 주는 문제를 교회일치운동으로 극복하고자 한 것이다.

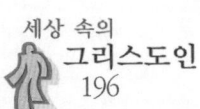

식을 창조하는 것은 때로 분산되기도 하고, 심지어 모순적이기도 한 모든 노력이 담긴 그리스도인 공동체의 일이다. 사실 이 모든 노력이 논리적으로 일치해야 한다는 것은 그다지 중요하지 않다. 삶의 양식을 형성한다는 것은, 견고하고 명확하게 설정된 교리의 결과일 수 없다. 사실 이 교리는 적용하기만 하면 그만이다. 반대로 삶의 양식은 믿음 안에서 실제적 삶을 통해 형성되는 것이며, 따라서 행정적 혹은 지적 영역에서의 삶의 양식만으로 만족할 수 없다. 교리가 인간적 토대와 행동하도록 하는 힘을 발견하게 되는 곳이 실제적인 삶, 바로 거기서이다. 한편, 교회 지도자들과 예언자들이 삶의 양식을 형성함으로써 "교회의 양떼"를 인도할 수 있다는 것은 아주 분명하다. 그런데 삶의 양식을 형성하는 것은 새로운 연구를 불러일으킬 수 있으며, 삶 속에서 위험을 감수한 사람들을 지원할 수 있을 것이다.

그런데 삶의 양식이란 이름 자체가 지적하는 것처럼, 삶의 양식에 대한 연구는 인간의 삶 전체와 관계있는 것이다. 즉 그것은 호의를 베푸는 방법만이 아니라, 현재 정치적 사건들을 생각하는 방법을 포함한다. 또 그것은 자신의 일을 관리하는 방법만이 아니라, 옷을 입고 음식을 먹는 방법도 포함한다. 예를 들어 우리의 엄격한 부르주아들은 취미, 의상, 요리 문제들이 삶의 양식을 형성하는데 중요하다는 점을 얼마만큼 이해했을 것이다. 즉 그들이 정반대이지만, "유행을 따르거나" 혹은, 하등에 관련이 없는, 상업적으로 "최고의 질을 선택하는 것"만으로 충분하지 않다. 삶의 양식을 형성하는 것은 이웃에게 열려 있는 태도를 보이는 것뿐만 아니라, 자신의 아내에게 충실한 것도 포함한다. 또한, 자신의 시대에서 개인적 직업과 관련한 결정만이 아니라, 현재 사회적 정치적 흐름에 대해 가져야 할 기독교적 입장도 포함된다.

　나는 이와 같은 예들을 무한정 들 수 있지만, 이 예들은 단지 다음 한 가지 사실을 보여주기 위한 증거들이다. 즉 우리가 무관심하게 지나치는 가장 사소한 것들에 이르기까지 모든 것을 신앙의 빛에 비추어 의문을 제기하고 다시 보아야 하며, 또 하나님의 영광이란 관점에서 검토되어야만 한다. 우리가 교회 속에서 자발적이고 진실한 새로운 기독교적 삶의 양식을 발견할 수 있다면, 아마도 이런 조건에서이다. 나는 이 삶의 양식이란 표지標識들에 적극적으로 그 내용을 제공하는 것을 기꺼이 회피할 것이다. 또 이 삶의 양식을 서술하려고 시도하는 일을 기꺼이 하지 않을 것이다. 첫째 이유는, 먼저, 이 새로운 삶의 양식은 현실 영역에서 실재해 본 적이 없어서, 그 어느 것과도 상응하지 않을 것이기 때문이다. 그래서 이러한 삶의 양식을 기술하는 것은 현재로서는 단순한 지적인 관점일 뿐이다. 그리스도인들에게 이러한 요구를 제시하는 것으로도 충분하다. 성서공부와 계속적인 자각을 위한 연구를 통해 점진적으로 삶의 양식을 형성하는 것을 돕는 것이 좋을 것이다. 둘째 이유는, 이와 같은 삶의 양식에 대한 서술은 새로운 법을 만들려는 위험을 무릅쓰려는 그리스도인들에게 경우에 따라서 너무도 쉬운 발판일 수 있기 때문이다. 만약 이 삶의 양식이 그리스도인들이 개입하여 이루어진 것이 아니라면, 아무런 의미가 없다는 사실을 되풀이하지 않을 수 없다. 마지막으로, 내가 위에서 언급한 것처럼 새로운 삶의 양식을 창조하려는 현재 시도들이 다양할뿐더러, 상호 협조도 모자랐기 때문이고, 그리스도인들 각각이 제시하는 진리들을 존중하지 않은 채, 함부로 그것들을 통합하는 것이 옳지 않기 때문이다.

그러나 이와 같은 노력 속에서 대단히 중요한 진리를 지적할 수 있는데, 그것은 삶의 양식을 형성하기 위한 노력은 필연적으로 연대적 활동이라는 것이다. 동떨어져 있는 그리스도인이 이 방향에 참여하는 것이 불가능하다. 나는 이 일을 실현하는데 본질적 조건 중의 하나가, 그리스도인들 사이에서 하나님의 뜻에 순종함으로 자발적으로 형성된 진정한 연대로 순전히 기계적이고 사회적인 연대를 대치시키는 것으로 생각한다. 이 사회적 연대에 대해 사람들은 우리에게 귀에 못이 박이도록 되풀이하여 이야기했으며, 사람들은 그것을 새로운 세상의 기초로 만들길 원했다! 이 새로운 삶의 양식을 연구하기 위하여 각 그리스도인은 다른 그리스도인들에 의해 뒷받침되고 있음을 느끼고, 알아야만 한다. 즉 현대 세상이 인간에게 부과한 난제로 말미암은 영적이고 이념적인 이유 때문에서만이 아니라, 순전히 물질적인 이유 때문에, 우리는 다른 그리스도인들의 지원이 필요하다. 예를 들어, 노동자나 평범한 회사원의 경우, 삶의 양식 혹은 자신의 직업 속에서 해야 할 선택의 문제는 즉각적으로 돈과 관련이 있다. 그리스도인들 사이의 연대가 각자에게 삶의 균형을 찾아주고, 또 배고픔을 회피하기 위해서가 아니라, 진실로 자신의 믿음이 구현되는 삶의 양식을 추구하게 하려고, 서로 도와주는 행동으로 표현되지 않는다면, 이 연대는 단지 말 뿐일 것이다. 단지 이것만으로도 어떤 점에서 삶의 양식을 추구하는 것이 우리의 습관에 맞지 않는 좁은 길로 우리를 인도할 수 있는지를 보여준다. 사실 서로 돕는다는 것은 매우 못마땅한 일일 것이다. 그러나 이러한 희생 덕분으로, 그리스도 안에 있는 구원의 복음이 다른 인간적인 말들 속에서 찾아볼 수 있는 하나의 인간적인 말과는 다른 것이 된다.

세상 속에서 교회와 그리스도인의 진정한 자세

한편, 교구를 재건설하고 기독교 공동체를 발견하는 일에 참여하는 것이 분명히 필요하다. 또 인간적인 덕목이 아니라 성령의 열매가 무엇인지 다시 배우는 것이든지, 절제, 자유, 연합 등 성령의 열매들을 구체적으로 적용하는 법을 재발견하는 것이든지, 이것은 교회의 신앙생활과 세상 속에서 사는 것에 필수적이다. 그런데 이 모든 것은 전도와 복음의 선포를 지향해야만 한다. 바로 여기에 세상 속에서 사는 이 일의 또 다른 측면이 있다. 이 측면은 그 내용 부분이 아니더라도 적어도 그 필요성에서 매우 잘 알려졌다. 그래서 나는 이 책에서 복음의 기본적 내용을 논하지 않았으며 그 대강의 윤곽도 그리지 않았다. 이제 결론을 맺기 전, 다루어야 할 한 가지 사항만을 남겨두었다.

나는 지속적으로 어떻게 하나님의 역사가 그리스도인들을 매개로 해서 세상의 문제들을 해결할 수 있을지를 보여주려고 애썼다. 하나님이 오늘날 상황 속에서 살도록 한 그리스도인들이 거기서 어떻게 대응을 할 수 있을까. 그러나 그리스도인들은 절대적으로 집착하지 말아야만 한다. 왜냐하면, 피할 수 없는 이 싸움에서 교회를 위협하는 것은, 교회가 집착하고 모든 사역의 무게를 혼자서 지기를 원할 때 그리스도인의 대응이 사회 운동으로 변화되는 것이다. 이런 상황이 발생하면, 교회는 세상의 운동들 속으로 편입될 것이다. 즉 민족주의 힘이 나타날 때, 교회는 민족주의자가 될 것이다. 세상이 교회에 이성주의 출구 역할을 제공할 때, 교회는 베르그송주의적34)이 될 것이다. 세

---

34) [역주] 베르그송(Bergson)은 신체적인 열등한 존재인 인간에게 이성은 인간의 무기이며, 인간은 생물학적으로 진화한 산물이지 순수하고 형이상학적이고 고귀한 것

상의 체제와 사상이 독재주의를 향해 돌아설 때, 교회는 독재적이 될 것이다. 우세한 것이 공동체적 방식일 때, 교회는 공동체들을 요구할 것이다. 세상이 식민정책에 호의적일 때, 교회도 식민 지배적일 것이고, 세상에서 이 경향이 퇴조할 때, 교회도 이런 견해를 중단할 것이다. 지금은 교회가 사회주의적 혹은 공산주의적이다. 왜냐하면, 유럽에서 "좌파"가 외관상 승리를 거두었기 때문이다. 교회가 이렇게 된다면, 교회는 세상에서 현존하는 교회가 되는 것을 정확하게 중단한 것이다. 물론 위에서 언급한 각각의 경우마다 항상 준비된 신학적 정당화가 있다. 즉 국가는 하나님이 원하는 것이며, 식민지 정책은 복음 전파에 도움이 되며, 혹은 사회적 정의는 하나님의 정의에 대한 진정한 표현이라고 정당화할 수 있다. 그러나 이 정당화가 내포한 신학적 진리에도, 그것은 단지 정당화일 뿐이다. 교회가 이런 입장에 놓인다면, 교회는 세상의 소금과 빛 그리고 세상을 위해 희생하는 양이 되는 것을 중단하는 것이다. 교회는 단지 세상의 의지가 표현되는 형태 중의 하나에 불과하고, 사실상 세상의 목적들을 실현하도록 세상을 돕게 된다. 이때 교회는 더는 세상에서 활동하는 하나님의 능력을 나타

은 아니라고 보았다. 인간이 가진 이성과 지성이라는 생물학적인 무기로 이 세계에서 살아남으려면 분석할 수밖에 없다고 보았으며 분석을 하려면 대상이 '고체적'이어야 한다고 지적하였다. 그래서 인간의 사고방식은 고체를 모델로 하고 있다고 지적하였다. 이에 대해 베르그송은 실제 운동을 공간에 놓고 잘라서 보는 고체적 사유 자체를 왜곡으로 보았으며, 근대 과학적 합리주의 사고에 이런 것들이 곳곳에 스며들어 있다고 비판하였다. 그는 과학적 합리성의 한계를 뛰어넘는 것이 무한소 미분(le calcul infinitesimal)이라고 보았고 그 특성은 유클레이데스 기하학에서 배제된 연속성과 운동성 그리고 시간성으로 파악하였다. 이러한 사상은 근본적으로 비합리주의이며, 분석적 사고를 넘어서서 세계를 무수한 질들이 출렁거리는 운동성으로 이루어져 있는 것으로 파악하는 액체적 사유이다. 이 운동성은 인간의 개념으로는 아무리 잡으려 해도 온전히 잡히지 않는 다질적인 것이다. 결론적으로 베르그송은 인간의 이성을 전혀 다른 눈으로 보게 하였다.

내지 못한다.

　이것은 분명히 교회가 세상의 운동으로부터 완전히 단절하라는 의미가 아니다. 우선 교회는 자신의 시대를 살아가는 살아있는 사람들로 구성되었기 때문에, 교회는 이런 세상의 노력과 방법들을 무시할 수 없다. 오히려 그것들은 진리의 한 부분을 나타내고 있다. 교회가 아직 천국에 있지 않기 때문에, 교회는 이러한 세속적 노력으로도 분명히 채워져야 한다. 그러나 앞에서 언급한 점을 의식하는 것은 필수적이다. 예를 들어 교회가 사회주의 유혹을 당한다면, 교회는 그것이 하나님에게 온 것이 아니라 세상에서 왔다는 것을 아는 것이 필수적이다. 또 사회주의가 확실히 피할 수 없고, 또 붙들어야 할 어떤 가치를 감수한다고 할지라도, 그것은 타협이라는 사실과, 교회가 이 가치를 선택하지도 창조하지 않았으며, 이 가치의 정당화에는 어떤 무게도 실리지 않는다는 사실을 아는 것이 필수적이다. 또한, 교회는 이러한 타협들이 거의 매번 교회에 부정적인 것을 가져왔고, 그 결과 세상에도 해독을 끼쳤다는 것을 알아야만 한다.

- 콘스탄틴 혹은 루이 14세 치하에서 국가와 타협함으로 종속된 교회
- 19세기 자본주의와 타협함으로 분해된 교회
- 동시대에, 과학과 타협함으로서 계시된 진리를 빼앗긴 교회

　이것들은 세 가지 예일 뿐이다. 다른 예들을 찾는 것을 쉬운 일이다. 이러한 타협에 직면하여, 교회는 스스로 자신을 정당화하거나 세상의 해결방안을 정당화해서는 안 된다. 교회는, 하나님이 교회에 준 자율적인 길을 발견해야만 하는데, 이 길은 오직 교회만이 따를 길이

다. 오직 이 조건 속에서만이 타협은 위험해지는 것을 멈추고, 교회가 사회적 운동이 되는 것을 멈추고, 성령이 주는 능력을 갖추고 세상에서 존재할 수 있다. "여호와여, 나에게 당신의 길을 가르치소서. 내 원수로 인하여 평탄한 길로 인도하소서. 나를 내 대적의 큰 즐거움에 넘기지 마소서…. 오, 내가 산 자의 땅에서 여호와의 선하심을 볼 것을 확신하지 않았더라면!"시27:11-13 교회의 적들은 교회의 고유한 길에서 교회가 돌아서서, 적들의 길에 참여하도록 애쓴다. 그러나 돌아서는 순간에 교회는 세상의 권세의 장난감이 된다. 교회는 그 적들의 큰 즐거움에 넘겨진 것이다. 교회는 어떤 누구도 가르칠 수 없는 교회의 길을 가르치려고, 오직 기도 속에서 하나님을 의지할 수 있다. 이것은 영원한 구원의 길일뿐만 아니라, 우리가 산 자들의 땅에서 따라야 할 길이다. 이 길은 하나님이 그것을 계시하지 않는다면 찾는 것이 진실로 불가능하며, 우리 인간적인 힘만으로 진실로 따르기가 불가능하다. 그것은 사회적 영역과 개인적 영역에서도 마찬가지 문제이다. 세상에서 교회가 선택한 이 길은 인간의 관점에서 본다면 정신 나간 것이며, 유토피아적이며, 비효율적이다. 그리고 이 현실 세상 속에서 실제로 해야 할 것이 있다는 것을 볼 때, 우리는 실망에 사로잡히게 된다. 우리는 "만약 우리가 산 자들의 땅에서 여호와의 선하심을 보기를 확신하지 않았더라면" 모든 것을 포기해 버릴 수도 있었을 것이다. 그러나 우리는 이 선하심을 보았다. 이 선하심이 나타났다. 이 토대 위에서, 우리는 우리의 하찮은 무기력한 모습으로 나아가서 세상의 권세들과 맞설 수 있다. 왜냐하면, 내가 "사망이나 생명이나 천사들이나 권세들이나 현재 일이나 장래 일이나 능력이나 높음이나 깊음이나 다른 아무 피조물이라도 우리를 우리 주 그리스도 예수 안에

있는 사랑에서 끊을 수 없다"는 것을 확신하기 때문이다. 롬8:37-39

내용요약

 이 책은 현대 세상을 살아가는 그리스도인의 존재론적 상황을 기술하고, 그 상황 속에서 그리스도인의 소명과 역할을 다루고 있다. 『세상속의 그리스도인』-현대 세상에 존재함-은 총 5장으로 구성되어 있으며, 각각 "세상 속의 그리스도인", "혁명적 기독교", "목적과 수단들", "의사소통", "서론과 결론"이란 제목을 가지고 있다.

 1. 세상 속의 그리스도인
 엘륄은 무엇보다 먼저 세상과 그리스도인의 관계설정부터 논의한다. 그에 의하면 세상 속에서 그리스도인은 매우 독특한 상황 속에 놓여 있다는 것이다. 즉 그리스도인은 필연적으로 세상 속에 있다고 하더라도, 그는 세상에 속하거나 의존하는 자가 아니라는 것이다. 왜냐하면, 그리스도인은 다른 주인을 섬기고 있으며, 그 주인에 의하여 세상 속으로 보내졌기 때문이다. 그래서 그리스도인이 세상 속에서 혈과 육에 대항해서 투쟁하는 것이 아니며, 권세와 권력, 세상의 영적 실재들에 대항하여 투쟁한다. 이러한 투쟁을 통해 그리스도인은 비로소 세상에서 소금과 빛 그리고 하나님의 양의 역할을 감당하게 된다. 한편, 현대 문명의 특성 중의 하나는 모든 사람이 서로 간에 깊이 연대 되어 있다는 점이다. 이런 연대성은 결국 죄가 더 집단적으로 구조화되게 만들고, 모든 사람이 죄 속에서 연대 될 수밖에 없는 결과를 가져온다. 이러한 상황 속에서 그리스도인들은 두 가지 시도를 하게 된다. 첫째 시도는 영적인 것과 물질적인 것을 구분하여 물질적인 것에 대한 가치를 부인하고 오직 영적인 것에 주의를 기울이는 것이다. 그런데 이러한 태도는 위선적인 태도이며, 세상에서 교회의 영향력을 약화시켜 버린다. 둘째 시도는 세상의 모든 일을 기독교화하거나 도덕화하여 세상의 활동과 상황을 신학적 논리로 설명하고 정당화하는 것이다. 이것을 엘륄은 반기독교적으로 보았다. 그는 세상 속에서 그리스도인 자세와 역할을 다시 정의하려고 시도하는데, 그리스도인은 이 세상을 죄가 덜한 곳으로 만드는 것도, 세상을 있는 그대로 받아들이는 것도 할 수 없고, 오직 고통스럽지만, 죄와 은총 사이의 긴장을 받아들여야만 한다고 주장한다. 그리고 그리스도인은 복잡다단한 정치적, 경제적 상황 속에서 보이는 무수한 거짓 뒤에 숨어 있는 진정한 영적인 문제들을 꿰뚫어 보아야 한다고 생각한다. 영적인 난제를 파악하려는 엘륄의 입장은 결국 기독교 윤리가 무엇인가라는 문제와 연결된다. 그를 따르면, 기독교 윤리는 먼저 '일시적'인 특성이 있다. 다시 말해. 기독교 윤리가 항구적인 해결책이 아니며, 교회 공동체 작업에 의하여 끊임없이 검토되어야만 한다는 것이다. 다음 기독교 윤리의 특성은 '기독교 변증적'이다. 여기서 변증은 기독교 진리의 습관적인 옹호가 아니며, 오직 우리 안에서 역사 하는 예수 그리스도로 인하여 나온 우리의 행위를 통한 변증을 의미하는 것이다. 결국, 이러한 기독교 윤리의식을 갖춘 그리스도인은 세상의 보존에 힘을 기울여야 하며, 영적인 위기와 싸워야 한다. 그러나 엘륄은 현대 그리스도인들은 이 싸움을 하지 않았다고 보았다.

한편, 그리스도인이 진정으로 세상을 보존하는 일에 동참하려면, 주님의 뜻과 세상의 의지가 교차하는 지점에 머물러야 한다. 주님은 세상을 구원하시면서 동시에 세상을 보존하고 계시는데, 그분의 뜻은 심판과 죄 사함, 계명과 약속으로 나타나는 바, 성서 안에 계시가 되었고 성령을 통해 밝히 드러난다. 반대로 세상의 의지는 늘 죽음과 자살을 향한 의지이다. 세상은 자기 자신을 보존할 수도 없고 자신의 영적인 상황에 대한 치료책을 발견할 수 없다. 따라서 그리스도인은 우리가 사는 세상의 죽음의 경향이 무엇인지를 주의 뜻과 세상의 의지가 만나는 지점에서 파악해야 한다.

2. 혁명적인 기독교

엘륄은 현대 세상의 문명에 심층적인 변화의 필요성을 모두가 느끼고 있으며, 실제로 우리가 사는 세상은 혁명적 상황에 놓여 있다고 한다. 그래서 많은 사람이 이 변화를 시도하지만 결국 인간적인 해결책은 비효율적이다. 불안한 세상, 해결방법의 부재, 혁명의 필요성으로 말미암아 우리의 세상은 종말적이다. 현대 세계는 기술적 진보와 사회적 정치적 실험이 매우 급하게 일어나지만, 세상의 본질적 구조들은 완전히 고정되어 있으며, 세상의 혁명적인 방향이 아니라 논리적 방향으로 움직이고 있다. 오늘날의 재난과 환란은 문명 구조에서 불가피하게 나온 것이다. 우리의 문명은 기본적으로 '사실'에 대한 존중 메카니즘이 작동되고 있다. 사실에 대한 존중이 문명의 구조에 대한 문제제기를 못 하게 하고, 혁명의 길을 막고 있다. 즉 사실은 그 자체로 정당화되고, 사실 그 자체에 대한 문제제기는 없다. 기술, 국가, 생산 등은 사실이기 때문에 그 자체로 숭배의 대상이 되며, 하나의 종교가 된다. 즉 사람들은 사실을 받아들이기만 할 뿐, 그 사실을 판단은 하지 않는다. 다시 말해 모든 사람은 사실의 노예가 되었다. 이 태도야말로 가장 반혁명적이며, 문명의 종말을 가져오는 길이다. 우리가 혁명적 실천이 없이 역사가 흐르는 대로 놓아둔다면, 세상은 자살을 향한 길로 흘러갈 수밖에 없다. 그래서 엘륄은 세상 속에서 기독교적 상황이 혁명적 상황이라고 생각하는 것이다. 참으로 우리는 세상을 보존할 진정한 혁명이 필요한 시대에 사는 것이다. 이 혁명에서 중요한 것은 단순히 국가의 형태나 경제적 형태를 바꾸는 것이 아니라, 우리의 문명 구조를 변화시켜야 한다. 그러나 안타깝게도 그리스도인은 전혀 혁명적이지 않았다. 더구나 권위에 대한 존중의 신학이 기독교를 반혁명적으로 보이게 만들었다. 하지만, 성령이 끊임없이 활동하고, 자신의 신앙을 세상 속에서 고백하는 한, 그리스도인은 혁명적 실천을 할 수 있다. 엘륄은 더 구체적으로 그리스도인이 혁명적 실천을 가능하게 하는 두 가지 근거를 제시하였다. 첫째, 그리스도인은 두 도성에 속한 자들임을 지적하였다. 그리스도인은 세상 속의 이방인이며, 전적으로 다른 세계에 속해 있다는 것이다. 그의 사고방식과 판단 방식은 다른 세계에서 오는 것이며, 그들은 늘 그 세계로 돌아가기를 간절히 바라고 있다. 그래서 그들의 이 땅에서의 삶은 대사처럼, 간첩처럼 일시적일 뿐이다. 둘째, 그리스도인은 본질적으로 예수 그리스도의 영광스런 재림의 약속을 기다리면서 사는 존재이며, 이 기다림은 최후의 심판을 동시에 기대하는 것이다. 그래서 그리스도인에게 이 땅의 모든 '사실들'은 다가올 천국, 최후의 심판 그리고 그리스도의 영원한 승리에 따라 파악할 때만이 가치가 있는 것이다. 그러므로 그리스도인의 역할은 앞으로 다가올 사건을 오늘날

현재화하는 것이다. 그리스도인의 삶이 혁명적이게 되는 것은 앞으로 다가올 진리의 이름으로 현재의 '사실들'에 대해 판단을 내리기 때문이다. 즉 소망을 통해 천국의 도래를 현실화하는 것이 가장 혁명적인 상황을 맞이하게 된다는 의미이다. 그리스도 재림의 사건이 숨 막힌 현재의 사회적, 정치적 구조 속에서 문명이 사라지는 현실 속에서 그 구조를 뒤집어 버릴 수 있는 유일한 가능성이라는 것이다. 그 결과 그리스도인들은 원리들에 의하여 사는 것이 아니라 지금, 여기서 체험된 종말의 실재에 따라 판단하고 살아가게 된다. 또한, 그들은 결코 과거나 원리, 또는 좋고 나쁨에 묶여 있지 않고, 모순된 태도일지라도 때에 따라 그리스도의 주권에 합당한 선택을 하게 된다. 이것이 기독교의 현실주의이다.

엘륄의 기독교 현실주의적 태도는 그리스도인들이 우리 시대의 근본 문제를 제기하도록 요구한다. 즉 우리 문명의 심층 구조들을 변화시키는 것이 혁명적 상황을 맞이한 그리스도인들의 지상의 사명이라는 것이다. 이 일을 위하여 그리스도인들은 이 세상에 대한 인식과 자각이라는 긴 작업을 감당해야 한다. 그러나 엘륄은 오늘날 교회의 신자들이 기독교의 상황이 본질적으로 혁명적이라는 사실을 인식을 못 할뿐더러, 지상에서의 그들의 고유의 사명에 대해 관심을 두고 있지 않다고 지적하고 있다.

3. 목적과 수단들

엘륄은 기술의 '영적 실재'[35]와 관련하여 오늘날 중심적으로 제기

---

35) [역주] 엘륄은 점차 체계화되고 구조화되어 인간을 완전히 얽어매고 있는 현실 세계에서 기술은 힘의 논리를 갖게 되었다고 본다. 그런데 이 논리가 바로 기술의 영

되는 문제를 목적과 수단들의 문제라고 보았다. 이 논의는 목적과 수단 간의 관계에 대한 도덕적 논의가 아니다. 목적과 수단들에 대한 논의의 첫 번째 특징은 오늘날 모든 것이 수단이 되었다는 점이다. 즉 더는 목적은 존재하지 않으며, 심지어 목적은 수단들의 수단이 되었다. 두 번째 특징은 수단이 스스로 자신을 정당화한다는 점이다. 즉 오늘날은 효율적 성과를 올리는 것이 정당화의 근거가 되는데, 이것은 수단이 스스로 정당화되는 근거가 된다. 마지막 이 논의의 특징은 수단들은 전체주의적 성향을 보인다는 점이다. 수단들은 자신이 진보하는 데 방해되는 모든 것을 배제해 버린다. 그리고 수단에 의해 수립된 새로운 가치들은 새로운 신화를 만들면서 수단은 모든 영역을 향해 확장된다. 그 결과 물질적 대상뿐만이 아니라 인간 역시 수단인 기술에 복종하게 된다.

한편, 엘륄은 그리스도인은 목적과 수단들 사이에 어떠한 분리도 없어야 한다고 주장한다. 왜냐하면, 하나님이 일 속에서 목적과 수단을 동일시하셨기 때문이다. 즉 예수 그리스도의 성육신은, 자신이 인간 구원과 천국의 수립을 위한 수단이지만 그가 바로 구원과 천국 그 자체이다. 다시 말해 예수 그리스도는 수단인 동시에 목적이다. 우리의 문명이 수단들 속으로 목적을 흡수해 버렸지만, 하나님의 사역에서는 수단이 목적을 현실화시키는 도구일 뿐이다. 따라서 하나님의 사역은 수단들을 통해 하나님의 일인 목적이 현실화되는 것이다. 그러나 현실적으로 우리 문명이 가지는 수단들은 그리스도의 주권이란

적 실재를 이루고 있다는 것이다. 현대 사회에서 기술은 화려한 성공을 이루어 그 위세는 말로 다할 수 없으며, 기술을 향하는 열망은 점점 견고하게 되었는데, 엘륄의 시각에서 이 현상은 기술의 영적 실재로 기인한 결과이다.

유일한 목적에 절대로 맞지 않으며, 엄청난 괴리가 있다. 하지만, 우리의 수단들이 하나님의 목적, 즉 그리스도의 주권 속에 통합된다면 수단의 진정한 기능이 되살아날 것이다. 그러므로 엘륄은 혁명적 상황 속에 놓인 그리스도인들은 목적과 수단들의 일치를 통해 근본적 변화를 시도해야 한다고 이야기한다. 이것은 '활동하는 것'agir을 통해 이루어지는 것이 아니라, '존재하는 것'être으로 가능하다. 다시 말해 그리스도인의 자세는 세상이 제시하는 활동을 거부하고 '삶을 사는 것'이 되어야 한다. 그래서 그리스도인의 말, 품성 그리고 수많은 결정이 성령의 표현이 되어야 하고, 죽음으로부터 생명으로 부름을 받은 자로서 그 삶을 체험하고 그 생명의 삶을 살아야 한다. '삶을 산다는 사실'fait de vivre, 이것이 그리스도인에게 목적과 수단들의 문제의 해결책이며 혁명적 삶의 자세이다. 왜냐하면, 삶이 무엇인지 더는 모르는 문명 속에서 그리스도인이 할 수 있는 가장 유용한 일은 진리대로 그대로 '삶을 사는' 것이기 때문이다.

4. 의사소통

엘륄은 현대 사회에서 지식인들뿐만 아니라 모든 사람은 우리가 사는 세상의 진정한 모습을 보기를 거부한다고 지적한다. 즉 이 시대의 비극적 특징은 인간들이 겉모습들만 파악하여 그것만을 믿고자 하고, 겉모습 속에 살다가 그것만을 위해 죽는다는 것이다. 현대인들은 자신들이 사는 놀랍도록 복잡한 사실들과 마주친다. 다양한 사실들과의 만남에서 대중 매체나 광고 혹은 선전매체는 매우 강력한 영향력을 발휘한다. 대중매체가 전달하는 정보들을 현대인들은 부인하지 못하고, 그것을 진짜로 여길 뿐이다. 그래서 그들은 다시 전달된 사실들과 정보들에 대하여 자신이 생각하고 판단 내리는 것을 멈추었다. 이것이 현대인이 마주 대하고 있는 지적 상황이다. 그런데 그들은 밀려드는 영상의 홍수 속에서 허울뿐인 '사실들' 사이의 일관성을 요구하기 때문에 다양한 모든 '사실들'에 대한 설명과 연결이 시급한 것이다. 엘륄은 거기서 '설명적 신화'가 파생되어 나온다고 주장한다. 이 '설명적 신화'는 정치적 성격과 신비적이고 영적인 성격을 가지고서, 다양한 '사실들'을 설명해주는 지적체계의 지주支柱가 된다. 그러나 심각한 문제는 현대인들이 이 신화 외에는 어떤 지적 일관성을 제공하는 수단이 없다는 것이다. 그래서 그가 이 신화를 거부한다면, 그는 자신이 사는 세상으로부터 분리되고 마는 것이다. 비록 현대인들이 더 많은 것을 알고, 더 많은 수단을 가지고 있다고 할지라도, 또 어떤 시대보다 더 발달한 사상과 이론이 있다고 할지라도, 이 신화에 묻힌 현대인의 지적 상황은 극도로 심각한 것이다.

그러나 이 '설명적 신화'의 허구와 무용성無用性을 간파할 수 있고, 거부할 수 있는 사람이 지식인이다. 그러나 엘륄에 의하면, 지식인은 다른 사람들이 '사실들'이라고 믿는 것의 비실재에 대해 분명히 파악하고 신화의 허구에 대해 분명히 인식하지만, 그 이상으로 현실에 영향을 끼치는 것에 한계가 있다. 이러한 한계를 회피하고자 현대 지식인은 지적 자살을 선택한다. 이 자살은 지식인이 대다수 사람과의 교감을 유지하기 위해 현실에 눈을 감아 버리고 신화를 택하는 것을 의미한다. 또한, 지식인들은 사람들의 겉모습 뒤에 실재가 없다고 생각하기도 하고, 실재가 있다고 할지라도 그것은 전혀 파악할 수 없는 것으로 생각하여 또 다른 자살의 형태를 선택한다. 엘륄은 이렇게 우리 시대의 지적 변화를 기술하면서 현대사회에서 지성과 기술 간의 관계를 정리하였다. 즉 현대 문명에 맞는 표현 방식으로 지성은 기술을 도구로 삼았으나, 기술은 오늘날 지성이 자기를 표현하기 위해 사용되는 유일한 방법이 되고 말았다. 그 결과 오히려 지성의 활동 영역은 제한되었고, 지성은 자신의 도구로부터 빠져나올 수 없게 되었다.

엘륄은 이러한 기술에 대한 지성의 예속을, 세상에 대한 자각의 부족과 함께, 현대사회의 끔찍한 상황인 의사소통 부재의 원인으로 지적한다. 오늘날은 의사소통이 실제로 불가능해졌다. 서로 이해하기 위하여 모두에게 유효하고 공통된 최소한의 생각이 있어야 하는데, 정보 메커니즘은 점차 그런 공통된 토대를 파괴한다. 개인들은 문명이 주는 흐름 속에서 서로서로 더는 만날 수 없으며, 오직 각자 자신들이 믿는 신화를 따로 만난다. 그 신화는 현대인들이 광기 속에 빠져들지 않도록 하기 위한 창조물일 뿐이다. 지적 표현의 유일한 길이 기술이기 때문에 우리는 이제 인간과 의사소통을 할 수 없게 되었다. 지성이 기술의 경로를 택할 수밖에 없다는 사실 때문에 개인적 관계들은 해체되었다. 엘륄은 기술에 대한 지성의 예속이나 의사소통의 부재 상태에서 지식인들이 원리의 적용이나 지적 인식을 통해 그러한 상황을 바꿀 수 있다고 보지 않았다. 그 상황을 끝낼 수 있는 것은 인간의 행동이 하나님이 주신 충만함으로 가득 차고, 하나님이 주신 완성을 이룰 때 가능하다. 그런데 이러한 완성은 인간이 일의 한 부분을 하면 하나님이 나머지 부분을 하는 형태로 이루어지는 것이 아니라, 인간이 자신의 일을 행하면, 하나님은 그 일에 의미, 가치, 효용성, 중요성, 진실, 생명을 부여함으로 가능하다. 여기에 기독 지식인의 의무를 발견하게 된다. 오늘날 기독 지식인의 첫째 의무는 인간과 세상에 대한 '자각'이다. 그것은 겉모습을 거부하고 정보를 위한 정보를 부인하는 것이다. 또한, 추상적 현상을 거부하는 것이며, 우리에게 위안을 주는 진보라는 환상을 거부하는 것이다. 그리고 역사의 숙명에 따라 상황들이 개선되고 인간들이 나아진다는 것을 거부하는 것이다. 그런데 이 '자각'을 하려면 무엇보다도 현대의 신화들과 지적 우상들을 사정없이 제거하는 것이다. 이것을 위하여 삶에서 발생하는 수많은 '사실들'을 있는 그대로 관찰하여 그것들의 객관적 실재를 파악해야 하며, 나를 둘러싼 사람들 삶의 실재를 사실 그대로 정확히 파악해야 한다. 이 태도가 인간과 세상을 인식하면서 진정한 현실주의를 새로 만들어 낼 수 있다. 그런데 기독 지식인들의 이 모든 작업은 무엇보다 자기 자신을 출발점으로 삼아야 한다. 그럼에도, 엘륄은 이러한 '자각'은 전체적으로 성령으로부터만 올 수 있다는 사실을 잊지 않는다. 다시 말해 우리의 지성이 충분히 통찰력을 가지려면 성령의 개입 없이는 불가능하다는 것이다.

그런데 기독 지식인이 오늘날 필수적으로 행해야 하는 활동인 '자각'은 어떤 결과를 낳는가? 이 질문에 대해 엘륄은 세 가지를 제시한다. 첫째, 인간과 세상에 대한 '자각'은 이웃의 의미를 재발견하게 한다. 지식인에게 자신의 존재를 정당화하는 활동이 바로 이웃이 되어 주는 것이다. 예수 그리스도가 바로 이 이웃을 위해 죽으셨기 때문이다. 엘륄은 이웃을 재발견한다는 의미를 새로운 언어를 찾아내는 것으로 간주하였다. 왜냐하면, 언어는 서로 이해하게 하고, 개인들을 절망적인 고독에서 탈출하게 하며, 합리성의 메마름과 주관적 감수성을 떠나게 하기 때문이다. 이 언어를 만들어 내지 못한다면 하나님의 능력을 나타낼 인간적 수단도 사라져 버리는 것이다. 그런데 이것은 성령의 사역과 다름이 아니다. 성령만이 인간들 사이에 의사소통을

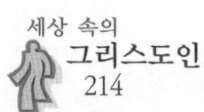

만들어내고, 성령만이 이웃과 진정한 관계를 형성하게 하며, 타인에 대한 겸손한 사랑을 갖게 할 수 있다. 둘째, '자각'은 우리에게 '그리스도의 사건'의 의미를 재발견하도록 이끈다. 현대인은 '잡다한 사실들'을 믿고, 그 '사실들'을 신화를 통해 해석하지만, 인간을 전체적 차원에서 포착한 '그리스도의 사건'을 믿지 않는다. 그리스도의 사건은 그 자체에 의미를 지니고 있고, 개인적 결단을 통해 개인에게 의미를 부여하기 때문에 현대의 신화와는 전혀 다른 것이다. 역사의 흐름 속으로 하나님이 개입한 사건이 바로 예수 그리스도 자체이며, 기독 지식인들이 현대인의 삶을 새롭게 중심을 잡아준다고 할 때, 바로 이 예수 그리스도가 절대적으로 필요한 요소이다. 마지막으로 '자각'은 신성한 것의 한계를 재발견하게 한다. 지성은 세속적인 것과 신성한 것을 재인식하게 하고, 잡다한 사실들 속에 존재하는 두 영역의 경계선을 점진적으로 발견하게 한다. 다시 말해 지성은 지성의 힘이 미치지 못한 범위가 있으며, 기술적 수단의 범위를 벗어난 어떤 영역이 존재함을 인정하게 한다. 이러한 인정을 통해 지성의 힘은 회복되고 기술은 현실 세계에서 제대로 자리를 잡을 수 있다. 세속적인 것과 신성한 것 사이의 경계는 오직 기독교만이 할 수 있고 그것은 특히 기도와 묵상을 통해 가능하다고 엘륄은 말하고 있다.

5. 서론과 결론

엘륄은 이 책을 완성된 해결책으로 제시하고 있지 않고, 세상 속에서 그리스도인의 임무와 역할, 쇄신해야 할 교회 사역의 길을 열어 놓은 채 마치고 있다. 이런 관점에서 5장 부분이 연구의 결론이자 현대 문명을 성찰하는 연구들을 위한 서론이 된다.

엘륄은 세상이 더는 복음을 듣지 않으며, 하나님의 말씀은 인간 삶의 실재 속으로 뚫고 들어가지 못한다고 본다. 복음을 무력하게 만들려는 사탄의 책략이 있고 복음을 뚫고 들어가지 못하게 하는 벽 앞에 그리스도인은 서 있다. 이 벽을 통과하려면 문을 찾든가 갈라진 틈을 찾아내야 한다. 그것을 위해 세상을 탐색해야 하고 도구를 찾아야 한다. 그런데 교회는 완전히 물질적인 세상 속에 갇혀 경제적, 정치적 문제와 재정적 두려움으로 가득 찬 사람들에게 복음을 던지지만, 그들은 자신들의 상황에 복음은 아무런 쓸모가 없다고 하면서 교회를 파괴하려고 덤벼든다. 그러나 하나님의 말씀이 그들에게 역사 하지 않는 것은 말씀에 문제가 있는 것이 아니라 그들의 상황이 잘못된 데에 문제가 있는 것이다. 하지만, 그들의 항변에도 일리는 있다. 왜냐하면, 하나님의 말씀이 사람들의 상황 속에 반향을 일으키고자 교회는 그들의 상황을 변화시키려고 노력해야 했기 때문이다. 그러므로 교회가 문명의 심층구조를 공격하고 혁명적 실천을 하고 목적과 수단들을 재발견하는 것이 필요하다. 그리고 온갖 편견과 계층 간의 분열로 가득한 사람들의 관계가 지성의 힘으로 재창조될 수 있는 의사소통을 위해 노력해야만 한다. 즉 세상의 물질적 상황을 변화시키려고 애써야 하는 것이 그리스도인의 역할이다. 이 임무를 수행하기 위하여 그리스도인들은 세상 속에 개입하여 접점을 찾아야 하는데, 이것을 위해 그리스도인들은 새로운 삶의 양식을 만드는 것이 중요하다. 하나님의 계시를 구체적으로 실현하려면 그러한 새로운 삶의 양식을 창조할 때 가능하다. 그러나 오늘날 신자들은 개인적인 많은 미덕이 있으나 어떤 삶의 양식이 있지 않다. 오히려 그들은 사회적 조건들에 의해 강요된 삶의 양식만을 가지고 있을 뿐이다. 따라서 그들의

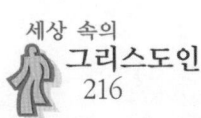

삶의 양식을 결정짓는 것은 영적인 조건이 아니라 정치적 또는 사회적 조건이다. 그러므로 삶의 양식 창조는 삶의 구체적인 현장에서 자신의 신앙을 진실로 구현하고자 하는 각각의 그리스도인이 해야 할 일이다. 한편, 엘륄은 이러한 그리스도인들의 사명을 추구하는데 있어서 중요한 점은, 이러한 일은 필연적으로 연대적인 활동으로 가능하다는 것이다. 고립된 그리스도인이 이런 일을 감당할 수 없다. 그런데 이 연대는 기계적으로 만들어지는 것이 아니라, 하나님의 뜻에 대한 순종을 통해 자발적으로 만들어진다.

그러나 그리스도인들이 세상의 문제들을 해결하는데 있어서 전적으로 매달리지 말아야 한다. 교회가 이 일을 혼자 떠맡으려고 한다면 세상의 사회적, 정치적 운동 속으로 빠져 들어가게 된다. 그럴 때 교회는 소금과 빛과 양의 소임을 수행하는 것을 중단하게 되고, 세상 자체의 목적을 실현하는 것을 도와주는 셈이 된다. 그 결과 교회는 세상에서 하나님의 능력을 보일 수 없게 된다. 그렇다고 해서 교회가 세상의 흐름에서 완전히 단절될 수는 없다. 교회는 그 시대에 생존하는 사람들로 구성되었기 때문에 어느 정도 세상의 운동들에 영향을 받게 된다. 그러나 중요한 것은 이 운동들이 세상으로부터 온 것임을 확실히 인식하는 것이다. 즉 이런 세상의 운동들이 취할만한 가치는 있으나 그것은 불가피한 타협임을 알아야 한다. 이것을 제대로 인식하지 못할 때 교회는 종종 세상과 잘못된 타협을 했고, 결과적으로 그것이 세상에 유익하지도 않았다. 이러한 타협 앞에서 교회는 자신을 정당화하거나 또는 세상의 해결책을 정당화하는 것이 아니라, 하나님이 교회에 부여한 교회 고유의 독자적인 길을 발견해야만 한다. 타협이 위험해지지 않고, 교회가 다시는 사회적 운동이 되지 않으며, 교회가 성령이 주신 효율성을 지니고 세상에서 존재하려면 바로 이러한 태도를 보여야만 한다. 교회는 아무도 알 수 없는 교회가 걸어가야 할 길을 가르쳐달라고 하나님께 기도해야만 하며, 영원한 구원의 길만이 아니라 '산 자들의 땅'에서 사람들이 따라가는 길을 계시해달라고 간절히 기도해야만 한다. 이 길을 발견하는 것은 인간의 힘으로 불가능하고 오직 하나님의 선하심을 확신하고 그리스도 안에서 나타난 끊을 수 없는 하나님의 사랑을 의지할 때만 가능한 것이다.

엘륄의 저서연대기순 및 연구서

- *Étude sur l'évolution et la nature juridique du Mancipium*. Bordeaux: Delmas, 1936.
- *Le fondement théologique du droit*. Neuchâtel: Delachaux & Niestlé, 1946.
  → 『자연법의 신학적 의미』, 강만원 옮김(대장간, 2013)
- *Présence au monde moderne: Problèmes de la civilisation post-chrétienne*. Geneva: Roulet, 1948.
  → 『세상 속의 그리스도인』, 박동열 옮김(대장간, 1992, 2010(불어완역))
- *Le Livre de Jonas*. Paris: Cahiers Bibliques de Foi et Vie, 1952.
  → 『요나의 심판과 구원』, 신기호 옮김(대장간, 2010)
- *L'homme et l'argent* (Nova et vetera). Neuchâtel: Delachaux & Niestlé, 1954.
  → 『하나님이냐 돈이냐』, 양명수 옮김(대장간. 1991, 2011)
- *La technique ou l'enjeu du siècle*. Paris: Armand Colin, 1954. Paris: Économica, 1990.
- (E)*The Technological Society*. New York: Knopf, 1964.
  → 『기술, 세기의 쟁점』(대장간 출간 예정)
- *Histoire des institutions*. Paris: Presses Universitaires de France, plusieurs éditions (dates données pour les premières éditions):. Tomes 1-2, L'Antiquité (1955); Tome 3, Le Moyen Age (1956); Tome 4, Les XVIe-XVIIIe siècle (1956); Tome 5, Le XIXe siècle (1789-1914) (1956).
  → 『제도의 역사』, (대장간, 출간 예정)
- *Propagandes*. Paris: A. Colin, 1962. Paris: Économica, 1990
  → 『선전』, 하태환 옮김(대장간, 2012)
- *Fausse présence au monde moderne*. Paris: Les Bergers et Les Mages, 1963.
  → (대장간 출간 예정)
- *Le vouloir et le faire: Recherches éthiques pour les chrétiens*: Introduction (première partie). Geneva: Labor et Fides, 1964.
  → 『원함과 행함』, 김치수 옮김(대장간, 2018)
- *L'illusion politique*. Paris: Robert Laffont, 1965. Rev. ed.: Paris: Librairie Générale Française, 1977.

→ 『정치적 착각』, 하태환 옮김(대장간, 2011)
· *Exégèse des nouveaux lieux communs*. Paris: Calmann-Lévy, 1966. Paris: La Table Ronde, 1994.
→ (대장간, 출간 예정)
· *Politique de Dieu, politiques de l'homme*. Paris: Éditions Universitaires, 1966.
→ 『하나님의 정치와 인간의 정치』, 김은경 옮김(대장간, 2012)
· *Histoire de la propagande*. Paris: Presses Universitaires de France, 1967, 1976.
→ 『선전의 역사』(대장간, 출간 예정)
· *Métamorphose du bourgeois*. Paris: Calmann-Lévy, 1967. Paris: La Table Ronde, 1998.
→ 『부르주아와 변신』(대장간, 출간 예정)
· *Autopsie de la révolution*. Paris: Calmann-Lévy, 1969.
→ 『혁명의 해부』, 황종대 옮김(대장간, 2013)
· *Contre les violents*. Paris: Centurion, 1972.
→ 『폭력에 맞서』, 이창헌 옮김(대장간, 2012)
· *Sans feu ni lieu: Signification biblique de la Grande Ville*. Paris: Gallimard, 1975.
→ 『머리 둘 곳 없던 예수-대도시의 성서적 의미』, 황종대 옮김(대장간, 2013).
· *L'impossible prière*. Paris: Centurion, 1971, 1977.
→ 『우리의 기도』, 김치수 옮김(대장간, 2015)
· *Jeunesse délinquante: Une expérience en province*. Avec Yves Charrier. Paris: Mercure de France, 1971.
· *De la révolution aux révoltes*. Paris: Calmann-Lévy, 1972.
→ 『혁명에서 반란으로』, 안성헌 옮김(대장간, 2020)
· *L'espérance oubliée, Paris*: Gallimard, 1972.
→ 『잊혀진 소망』, 이상민 옮김(대장간, 2009)
· *Éthique de la liberté,*. 2 vols. Geneva: Labor et Fides, I:1973, II:1974.
→ 『자유의 윤리』, (대장간, 2018), 『자유의 윤리2』, (대장간, 2019)
· *Les nouveaux possédés*, Paris: Arthème Fayard, 1973.
· (E)*The New Demons*. New York: Seabury, 1975. London: Mowbrays, 1975.
→ 『새로운 신화에 사로잡힌 사람들』, 박동열 옮김(대장간, 2021)
· *L'Apocalypse: Architecture en mouvement*, Paris. Desclée 1975.
· (E)*Apocalypse: The Book of Revelation*. New York: Seabury, 1977.
→ 『요한계시록』(대장간, 출간 예정)
· *Trahison de l'Occident*. Paris: Calmann-Lévy, 1975.
· (E)*The Betrayal of the West*. New York: Seabury, 1978.

→ 『서구의 배반』(대장간, 출간 예정)
- *Le système technicien*. Paris: Calmann-Lévy, 1977.
    → 『기술 체계』, 이상민 옮김(대장간, 2013)
- *L'idéologie marxiste chrétienne*. Paris: Centurion, 1979.
    → 『기독교와 마르크스주의』, 곽노경 옮김(대장간, 2011)
- *L'empire du non-sens: L'art et la société technicienne*. Paris: Press Universitaires de France, 1980.
    → 『무의미의 제국』, 하태환 옮김(대장간, 2013)
- *La foi au prix du doute: "Encore quarante jours.."*. Paris: Hachette, 1980.
    → 『의심을 거친 믿음』, 임형권 옮김 (대장간, 2013)
- *La Parole humiliée*. Paris: Seuil, 1981.
    → 『굴욕당한 말』, 박동열 이상민 공역(대장간, 2014년)
- *Changer de révolution: L'inéluctable prolétariat*. Paris: Seuil, 1982.
    → 『인간을 위한 혁명』, 하태환 옮김(대장간, 2012)
- *Les combats de la liberté*. (Tome 3, L'Ethique de la Liberté) Geneva: Labor et Fides, 1984. Paris: Centurion, 1984.
    → 『자유의 투쟁』(솔로몬, 2009)
- *La subversion du christianisme*. Paris: Seuil, 1984, 1994. [réédition en 2001, La Table Ronde]
    → 『뒤틀려진 기독교』, 박동열 이상민 옮김(대장간, 1990 초판, 2012 불어 완역판 출간)
- *Conférence sur l'Apocalypse de Jean*. Nantes: AREFPPI, 1985.
- *Un chrétien pour Israël*. Monaco: Éditions du Rocher, 1986.
    → 『이스라엘을 위한 그리스도인』(대장간, 출간 예정)
- *Ce que je crois*. Paris: Grasset and Fasquelle, 1987.
    → 『개인과 역사와 하나님』, 김치수 옮김(대장간, 2015)
- *La raison d'être: Méditation sur l'Ecclésiaste*. Paris: Seuil, 1987
    → 『존재의 이유』(대장간. 2016)
- *Anarchie et christianisme*. Lyon: Atelier de Création Libertaire, 1988. Paris: La Table Ronde, 1998
    → 『무정부주의와 기독교』, 이창헌 옮김(대장간, 2011)
- *Le bluff technologique*. Paris: Hachette, 1988.
    → 『기술담론의 허세』, 안성헌 옮김(대장간, 2022)
- *Ce Dieu injuste..?: Théologie chrétienne pour le peuple d'Israël*. Paris: Arléa, 1991, 1999.
    → 『하나님은 불의한가?』, 이상민 옮김(대장간, 2010)

- *Si tu es le Fils de Dieu: Souffrances et tentations de Jésus*. Paris: Centurion, 1991.
  → 『네가 하나님의 아들이라면』, 김은경 옮김(대장간, 2010)
- *Déviances et déviants dans notre societé intolérante*. Toulouse: Érés, 1992.
- *Silences: Poèmes*. Bordeaux: Opales, 1995. → (대장간, 출간 예정)
- *Oratorio: Les quatre cavaliers de l'Apocalypse*. Bordeaux: Opales, 1997.
- (E)*Sources and Trajectories: Eight Early Articles by Jacques Ellul that Set the Stage*. Grand Rapids: Eerdmans, 1997.
- *Islam et judéo-christianisme*. Paris: Presses universitaires de France, 2004.
  → 『이슬람과 기독교』, 이상민 옮김(대장간, 2009)
- *La pensée marxiste*: Cours professé à l'Institut d'études politiques de Bordeaux de 1947 à 1979 Edited by Michel Hourcade, Jean-Pierre Jézéuel and Gérard Paul. Paris: La Table Ronde, 2003.
  → 『마르크스 사상』, 안성헌 옮김(대장간, 2013)
- *Les successeurs de Marx*: Cours professé à l'Institut d'études politiques de Bordeaux Edited by Michel Hourcade, Jean-Pierre Jézéquel and Gérard Paul. Paris: La Table Ronde, 2007.
  → 『마르크스의 후계자』 안성헌 옮김(대장간, 2014)
- *Les sources de l'éthique chrétienne*. Geneve: Labor et Fides, 2014.
  → 『원함과 행함 2』, 김치수 옮김(대장간, 2021)
- *Théologie et Technique. Pour une éthique de la non-puissance*. Textes édités par Yves Ellul et Frédéric Rognon, Genève, Labor et Fides, 2014.
  → 『기술과 신학』, (대장간, 출간 예정)
- *Nous sommes des révolutionnaires malgré nous. Textes pionniers de l'écologie politique*. Paris: Seuil, 2014.
  → 『정치생태학의 혁명적 힘: 인격주의, 자연 감성, 기술 비판』, 자끄 엘륄·베르나르 샤르보노 공저, 안성헌 옮김(비공, 2021)

기타 연구서

- 『세계적으로 사고하고 지역적으로 행동하라』(Perspectives on Our Age: Jacques Ellul Speaks on His Life and Work), 빌렘 반더버그, 김재현, 신광은 옮김(대장간, 1995, 2010)
- 『자끄 엘륄 -대화의 사상』(Jacques Ellul, *une pensée en dialogue*. Genève), 프레데릭 호농(Frédéric Rognon)저, 임형권 옮김(대장간, 2011)

대장간 **자끄 엘륄 총서**는 중역(영어번역)으로 인한 오류를 가능한 줄이려고, 프랑스어에서 직접 번역을 하거나, 영역을 하더라도 원서 대조 감수를 원칙으로 하고 있습니다.
이 일은 한국자끄엘륄협회(회장 박동열)의 협력으로 이루어지고 있으며, 총서를 통해서 엘륄의 사상이 굴절되거나 왜곡되지 않고 그의 삶처럼 철저하고 급진적으로 전해지길 바라는 마음을 가득 담아 진행되고 있습니다.